소리가 만들어낸
근대의 풍경

차례
Contents

태초에 소리가 있었다?

태초에 말씀이 있었다고 한다. '겁나게 먼' 그 옛날 무엇이 있었는지는 정확히 알 수 없으나, 근대에는 소리와 풍경이 있었다. 근대 도시는 사람들의 시각과 청각을 예민하게 만들었다. 산업혁명 이후 새롭게 구성된 도시의 풍경과 그 속에 울려 퍼지던 웅장한 기계음이 근대를 살아가는 사람들을 사로잡은 것이다. 그러나 눈앞에 펼쳐진 풍경은 파노라마와 같이 스쳐 지나갔고, 기계음은 이내 소음으로 흩어져 익숙한 일상의 배경으로 전락했다.

산만한 근대 도시의 일상은 시간의 간격을 두고 한국에도 상륙했다. 1876년 굳게 잠겨 있던 문을 열고 기독교가 들어왔고, 시계와 라디오, 전화기, 유성기(축음기) 등 서구의 발명품들이 벼락같이 쏟아져 들어왔다. 인천, 부산, 원산 등지에 자리 잡은 외국인 조계지(租界地)는 서양 문물이 침투하는 교두보 역할을 하였다. 근대 도시화의 길로 접어든 서울에는 서양식 건물이 들어서고, 반듯하게 정비된 도로에 전차와 자동차가 요란하게 질주하였다. 낯선 외국인들이 거리를 활보하는가 싶더니, 어느새 서울은 다양한 인종과 문화가 집결한 일종의 박람회이자 백화점으로 탈바꿈하였다.

근대 도시는 강렬한 음향과 색채를 동원하였고, 사람들은 화려한 도시 문화를 좀더 가깝게 느끼기 위해 오감의 촉수를 뻗는다. 그 오감 중에서도 '시각'과 '청각'은 단연 돋보이는 감각이다. 때론 도시 문화가 당혹스럽게 일상을 파고들기도 했지만, 시간이 흐를수록 사람들은 도시의 화려함에 적응해 갔다. 그들은 모든 감각을 끄집어내어 도시의 문화를 수용하기도 하고 거부하기도 했다.

새롭게 구축된 시각적 풍경은 도시인들의 감각을 압도했지만, 인간의 감각을 확장시킨 것은 단지 시각적 풍경만이 아니었다. 스펙터클한 시각적 풍경은 새로운 세계, 낯선 세계를 표상하지만, 그것은 어디까지나 일방적인 시선을 강요하며, 대상과 일정한 거리를 유지할 뿐이다. 이러한 대상과의 거리를 줄인 감각이 바로 '소리'이다. 시각이 대상과의 일방향적인 관계 속에서 그 효과를 발산한다면, 청각은 사물과의 쌍방향적인 관계 속에서 그 기능을 발휘한다. 예를 들어 청각은 보이지 않는 무언가를 무의식적으로 지각하게 만든다. 지금처럼 전기·전자음이 없던 시대에는 부딪히는 나뭇가지 소리와 짐승의 희미한 발자국 소리만 듣고도 앞으로 닥칠 위험을 직감할 수 있었다. 오늘날의 자동차 경적도 이와 유사한 이치이다. 멀리 떨어져 있는 자동차를 보지 않고도 경적 소리만으로 자동차가 다가오고 있다는 것을 알아차릴 수 있다. 이렇듯 소리는 사람과 사물을 소통하게 하는 매개체로서, 시공간을 가로질러 이 둘을 하나로 묶어주는 기능을 한다. 그런 의미에서 소리는 '통합의 감각'인 셈이다.

실체도 명분도 불분명한 이데올로기보다는 특정 시기의 문화와 환경에 영향을 받은 개인의 습속이 세상을 더욱 분명하게 바라볼 수 있게 하는 현미경이 되기도 한다. 한 세기 전에 구성된 '소리의 감각' 또한 근대인의 정신과 육체를 지배하는 새로운 감각의 코드로 일상을 풍미했다. 그리고 '지금-여기' 우리의 삶과 조우하고 있다.

이 책에서는 근대 도시가 조성하는 감각의 일람표 중에서도 '소리', 즉 '청각적 기호'에 초점을 맞추고 도시 문화를 영위해 가는 대중들의 일상을 모자이크하려고 한다. 과연 그들은 어떻게 '소리'를 즐기고, 또한 그것을 '소음'으로 배척하였을까. 소리의 세계는 어떤 방식으로 근대 한국인의 일상을 잠식했으며, 우리의 삶과 신체의 움직임을 어떤 방식으로 변화하게 만들었을까. 그 요란하고 역동적인 풍경을 지금부터 스케치해 보도록 하자.

계몽의 스피커, 소리!

신문과 낭독, 소리의 공동체를 만들다

1899년 9월 18일 오전 9시, 한국 최초로 근대적인 시공간을 가로지를 경인철도가 개통되었다. "선왕의 영혼들이 무덤 속에서 놀랄" 일이라며 도입하는데 많은 어려움을 겪었던 화륜거(기차)가 드디어 위용을 과시하면서 인천과 노량진 사이를 질주하였다(『독립신문』, 1898.3.1). 당시 경인선 개통식에 참석한 많은 사람들은 기차의 낯선 모습에도 놀랐지만, 기차가 움직이면서 내는 흡사 "우레와 같아 천지가 진동"하는 소리에 더욱 놀랐다(『독립신문』, 1899.9.19). 그러나 고막을 찢을 듯이 포효하는 기차 소리는 단순히 시끄러운 소음만이 아니었다.

서구 문명의 초년생인 한국인에게 기차의 도입은 부국강병의 원천이자, 서구와 같은 강대국으로 가는 지름길이나 다름없었다. 기차뿐만이 아니다. 서구로부터 유입된 증기선(윤선), 전차 등을 비롯하여 전기를 이용한 모든 기계들은 '문명 부강'이라는 언표 안에서 살아 숨쉬었다. 사람들은 서구로부터 들어온 각종 미디어를 기반으로 새로운 세상을 상상하기 시작한다. 간혹 남의 옷을 입은 듯 어색하기도 하고, 이질적인 문물에 대한 적대감이 팽배하기도 했지만, 서구 문명의 이기를 온전히 거부할 수는 없었다.

전시대와 다른 세상을 건설하려는 노력은 국가 존망의 위기감 속에서 배태되었고, 정부 관료들과 계몽가들은 앞 다투어 근대적 시스템을 사회 일반에 적용하려고 했다. 19세기 말에서 20세기 초, 바야흐로 한국 사회는 계몽의 열정으로 충만한 시대였고, 계몽의 중심에는 서구의 물질문명이 똬리를 틀고 있었다.

근대적인 인쇄매체는 계몽 담론을 사회 전반에 전파하는 독보적인 역할을 수행했다. 신문과 잡지로 대표되는 인쇄매체는 세계 각국의 흥망성쇠를 알려주는 미디어로서, "외국의 소문이며 화륜거선"의 왕래가 어떠한지를 알려주는 개화의 기반이었고, "나국에게 수지와 압제받는" 상황을 벗어날 수 있도록 후원하는 문명 담론의 가장 강력한 매체였다(『독립신문』, 1897.6.3).

당대의 신문과 인쇄 출판물은 지금처럼 전적으로 개인이

구독하는 형태가 아니었다. 오늘날의 책 대여점에 해당하는 신문종람소나 서적종람소에서 빌려 읽거나, 여러 사람들이 돌려 읽었고, 많은 사람들 앞에서 낭독하는 형태로 읽었기 때문에 그 효과는 더더욱 증폭되었다. 근대 계몽기(1894~1910)에 신문 한 장은 약 60여명의 공동 독자를 갖고 있었던 셈이다. 이러한 신문과 잡지 읽기 방식의 일상화로 사람들은 세상 돌아가는 사정을 함께 공유하고 이해할 수 있었다.

여러 사람 앞에서 신문을 함께 읽는 행위, 즉 텍스트의 개인적 '묵독'이 아닌 집단적 '낭독' 문화는 근대 이전부터 지속되어온 독서 방식이다. 18세기에서 19세기까지 일명 전문적인 '이야기꾼'으로 생계를 유지했던 사람들을 전기수(傳奇叟)나 강독사(講讀師)라고 한다. 이들은 시장이 열리는 곳이면 어디서나 자신들의 이야기 보따리를 풀어놓았다. 그들은 시장이나 거리의 일정한 장소에서 정기적으로 소설을 구연하였고, 청중들은 이야기에 빠져들었다. 이야기의 내용이 절정에 다다르면 강독사는 갑자기 하던 이야기를 뚝 끊어버렸다. 이는 강독사의 직업적 수완이었다. 다음 이야기를 궁금하게 만들어서 청중들로부터 돈을 받고자 함이었다. 청중들은 일정한 돈을 지불한 후 다시 강독사로부터 이야기를 들을 수 있었다. 강독사의 이야기 내용은 소설을 비롯하여 다른 지방의 소문까지 매우 다채로웠다. 이들의 이야기 구연 방식의 관행은 근대 계몽기에도 지속되었다. 그러나 근대 계몽기에 들어서면서 구연 텍스트는 근대적 신문과 잡지라는 새로운 매체로 대체되었고,

이제 글을 읽을 줄 아는 사람은 누구나 강독사의 역할을 자임할 수 있게 되었다.

신문에는 저잣거리에서 웅성거리는 소문들까지 게재되었다. 사람들은 범죄, 간통, 사건사고 등 일상의 자질구레한 일부터 정부의 정책과 외국의 사정까지 근대적 미디어를 통해 접할 수 있게 되었다. 일부는 신문에 실린 계몽 담론을 다른 사람 앞에서 연설하기도 했고, 그 열변에 감응하여 서구 문명에 대한 환상을 내면화하는 사람들도 생겨났다.

근대 계몽기는 웅변과 연설의 시대였고, 소리가 넘쳐나는 시기였다. 그 속에서 독립협회는 매주 정기적으로 연설회를 개최하여 문명개화에 대한 열띤 토론을 이끌어 갔다. 1905년 이후 연설회는 개화와 계몽을 위한 일상적인 행사로 자리를 잡았고, 지식인들은 잇따라 연설회를 개최하였다. 그 규모는 성대했으며, 방청객의 수는 1천 명에서 2천 명 가량을 넘나들었다. 입장권도 연일 매진이었다(『대한매일신보』, 1909.1.16, 1909.3.2). 근대 계몽기 연설 문화의 강력한 역동성은 연설 주체의 신분과 계층의 다양성에서 비롯된다. 신분의 상하고하와 지식의 많고 적음에 상관없이 누구나 자신의 주장을 펼칠 수 있는 시대가 도래한 것이다. 『대한매일신보』 1907년 9월 8일 자 신문을 보면, 안주성에 사는 여학생 배봉녀(13세)는 국가와 가정과 사회에서 여성의 의무를 연설했고, 이 어린 소녀의 연설 내용은 <기서(奇書)>의 형식으로 신문에 게재되었다. 또한 장선군에 사는 신병식 씨는 주위 사람들 앞에서 인간 평등에 관한 연설을 했으며, 이에 감동받은 양반들은 자신들의 노비문서를 소각하기도 했다(『대한매일신보』, 1909.1.19).

이처럼 근대 계몽기의 연설은 신분과 지위의 장벽을 뛰어넘어 다양한 방식으로 진행되었다. 연설가의 목소리는 확성기의 등장으로 더 멀리 전파될 수 있었고, 연설장의 현장감과 계몽의 열정을 강력하게 추동해 갔다. 1907년을 기점으로 일본 제국주의의 한국 침탈이 본격화되면서 한국 사회의 계몽에 대한 열정은 극도로 고조되었다. 한국 사회 전역에서는 민족계몽과 애국계몽에 대한 연설 및 강연회가 집중적으로 실시되었다. 한쪽에선 계몽가들의 연설이 세상을 뒤덮었다면, 다른 한쪽에선 일진회의 매국 행위가 확성기를 타고 또 다른 세상을 점령해 나갔다. 일진회 회원들은 서울을 비롯하여 전국을 돌아다니며 인민들에게 일진회 가입을 독려하였고, 일본의 식민지 정책을 정당화했다. 사람들은 일본의 한국 병합을 기정사실화 하는 일진회의 확성기 소리와 맞서 싸웠고, 종종 유혈사태로 번지기도 했다.

만민공동회(1898)가 개최되던 기간에는 나무꾼, 어린아이, 부녀자, 기생, 쌀장수 등 이전까지 자신들의 정치적인 목소리를 낼 수 없었던 사람들이 정치적 공론장에 적극적으로 참여하여 집합적인 연설의 장을 마련하기 시작한다. 이 집합적인 목소리는 『독립신문』, 『매일신문』, 『황성신문』 등의 신문매체를 통해 활자화되기에 이른다. 요컨대 구술된 말이 문자로 기록되면서 평범한 사람들의 일상적인 발화가 공론의 장으로 흡수되어 활발하게 소통된 것이다. 신문은 시공간을 가로질러 공론을 형성하고, 서로 다른 시공간의 사람들을 연대하게 만드는 유용한 도구였다.

만민공동회 기간 동안에 장용남이라는 11세 소년의 연설문이 『황성신문』(1898.11.7)에 게재된 일이 있다. 이 연설문은 관민공동회의 대표로 선출된 독립협회 회원 17명이 경찰서에 붙잡혀 간 것에 대한 느낌을 적은 것이다. 장용남은 "이십 여 인이 붙잡혀 감이 홀로 그 죄가 아니라 이천만 인구가 같이 당할 죄이니 우리가 같이 붙잡혀 가서 같은 벌을 받음이 옳다"며 집회에 모인 사람들을 향해 비장한 연설을 했다. 이 연설로 회중은 일대 울음바다가 되었다. 『독립신문』과 『매일신문』은 장용남의 충군애국(忠君愛國)한 정신과 용맹을 격려하며, 그를 국민의 본보기로 삼자는 기사를 보도하였다. 여기에서 주목할 점은 장용남의 연설이 갖는 의미가 아니라 오히려 특정한 시공간에서 행해진 연설, 여기에서 만들어진 계몽에 대한 열정과 당위성이 시공간을 가로질러 전국으로 확장되는 과정이다.

연설과 웅변이 민중의 마음에 잠재되어 있던 계몽의 열정을 끌어내는 힘은 시각매체인 활자에 비해 강력했지만, 시공간의 제약을 받기 마련이었다. 그러나 연설과 웅변의 내용은 신문이라는 근대적 미디어에 의해 활자화되면서 시공간의 제약을 훌쩍 뛰어넘었다. 더욱이 당시 신문 읽기의 관행은 한 사람이 여러 사람 앞에서 낭독하는 형태였기 때문에 장용남의 목소리는 전국에 있는 다수의 낭독자에 의해 전파되었고, 만민공동회의 현장성은 다채로운 낭독의 울림을 거쳐 생생하게 '재현'될 수 있었다. 사람들은 장용남의 목소리를 신문 미디어를 통해 접하고, 함께 울면서 '애국의 길'에 동참하겠다는 의지를 불태웠을 것이다.

이와 같이 신문 미디어는 분산되고 파편화된 전국의 민중들을 하나의 공동체, 즉 '소리의 공동체'로 묶어 주었고, 근대 계몽의 담론을 효과적으로 전파한 매개체가 되었다. 활자가 계몽 담론을 전달하는 구실을 하게 되자, 문필가들은 글쓰기 방식과 더불어 글 속에 사용되는 이미지 또한 세심하게 고려하였다. 그 결과 등장한 것이 청각적 이미지인 '소리'이다. 소리는 근대 인쇄매체를 수단으로 근대의 '충격'과 '경이'를 반복적으로 새롭게 만들어 갔다.

문명의 소리, 계몽의 소리

1917년 이광수는 총독부 기관지 『매일신보』에 「무정」을 연재하였다. 그는 「무정」의 주인공 이형식의 눈으로 급변하는 서울의 모습을 묘사하였다. "차가 남대문에 닿았다. 아직 다 어둡지는 아니하였으나 사방에는 반짝반짝 전기등이 켜졌다. 전차 소리, 인력거 소리, 이 모든 소리를 합한 '도회의 소리'와 넓은 플랫폼에 울리는 나막신 소리가 합하여 지금까지 고요한 자연 속에 있던 사람의 귀에는 퍽 소요하게 들린다. '도회의 소리!' 그러나 그것이 '문명의 소리'다. 그 소리가 요란할수록 그 나라는 잘된다. 수레바퀴 소리, 증기와 전기기관 소리, 쇠망치 소리(……) 이러한 모든 소리가 합하여서 비로소 찬란한 문명을 낳는다. 실로 현대의 문명은 소리의 문명이다. 서울도 아직 소리가 부족하다. 종로나 남대문 통에 서서 서로 말소리가 아니 들리리만큼 문명의 소리가 요란하여야 할 것이다."

서로의 말소리조차 분간할 수 없게 만드는 도시의 소음과 사람의 감각을 신경질적으로 바꿀 수 있는 기계 소리를 이광수는 '문명의 소리'로 받아들였다. 문명론자이자 계몽가인 그에게 근대 문명의 척도는 소리였으며, 서울의 도시화는 서구와 같은 근대 사회로 진입하는 지표였던 것이다. 이광수에게 '고요한 자연'은 중세적 어둠이자 야만의 표상에 지나지 않았다. 그렇지만 그가 생각한 '문명의 소리'가 잘 들리기 위해서는 이전부터 지속되어 온 한국의 습속들이 타자화되어야만 했다. 이광수식의 분주함이 정당성을 획득하고, 근대의 문물이 단순한 소음이 아닌 문명의 메타포로 기능하기 위해서는 자본의 속도와 근대의 속도에 포섭되어야만 가능했던 것이다.

근대 문명의 상징으로 소리에 주목한 것은 이광수만이 아니었다. 근대의 감각 가운데 소리의 메커니즘이 발산하는 효과를 이광수처럼 구체적이고 분명한 어조로 단언하지는 않았지만, 근대 계몽기에 창작된 많은 문학작품들은 근대 계몽의 수단으로 소리의 감각을 적극적으로 사용하였다.

신문 미디어에 등장하는 문학적 창작물과 신소설은 계몽의 효과를 극대화하는 매개체로 소리의 메타포를 이용하였다. 19세기 후반부터 20세기 초, 한국에서 들끓었던 계몽의 주된 목표는 무지한 민중을 각성시켜 근대적 국민으로 만드는 것이며, 이를 동력으로 국민국가를 건설하는 것이었다. 근대적 국민국가를 이룩하기 위해서는 분열돼 있는 민중들의 힘을 하나로 집결해야 하며, 흩어져 있는 그들의 가치관을 민족과 애국의 영토 위에 재배치해야 한다.

계몽가들은 기독교 선교사들과 마찬가지로 한국을 '야만의 정글'에 비유하기를 서슴지 않았다. 그들은 한국을 서구와 같은 문명국으로 건설하기 위한 총력전에 돌입했다. 총력전은 말 그대로 시간과의 싸움이며, 시간은 순수한 의미에서 속도이다. 계몽가들은 '야만의 정글'에서 탈출하여 '문명의 대지'로 질주하려는 욕망을 기차와 시계 등의 속성을 이용하여 이미지화하였다. 그들이 사용한 이미지는 단지 시각적인 이미지를 뛰어 넘어 청각적 이미지인 소리의 형태로 나타났다. 소리의 세계란 "본질적으로 순식간에 서로의 관계를 성립시키는 통일적인 영역"이다(『미디어의 이해』, p.391). 따라서 계몽가들은 자신의 욕망을 계몽시키고자 하는 대상자의 내면에 투사하는 훌륭한 장치로서 소리의 이미지를 활용하였다. 소리는 이질적인 시공간을 가로질러 동질적이고 집합적인 표상을 재구축하는 감각의 메커니즘으로서 안성맞춤이었기 때문이다.

'계몽의 빛'의 청각화

서구에서 들어온 문화, 그 도시 문화의 발명품들은 한국 계몽가들에게 '계몽의 빛'으로 다가왔다. 계몽의 빛을 민중들에게 전달하기 위해 계몽가들이 사용한 수사적 장치는 바로 소리의 메타포이다. 서구로부터 유입된 도시의 발명품 중에서도 시계 소리와 기차 소리는 계몽의 당위성을 표상하는 대표적인 문학적 메타포였다.

당시에는 근대적 시간인 시계적 시간에 따라 생활하는 것이 계몽된 사람의 상징으로 추앙을 받았다. 근대적 시간이 곧 문명 진보의 근원이라는 테제가 정당성을 인정받고 있었던 것이다. 이에 따라 시계적 시간을 잘 지키는 사람들이 이끌어 가는 국가만이 문명국이 될 수 있다는 식의 논조가 풍미했다. 더 나아가 근대적 시간의 귀중함을 모르는 사람은 "피가 다 식은 동물"이라는 소름끼치는 견해까지 등장하였다(『독립신문』, 1898.2.8).

자연의 고유한 리듬과 순환을 무시한 채 앞으로만 전진해 가는 경직되고 직선적이며 분절적인 근대적 시간 개념은 점점 한국인들의 일상을 포획해 갔다. 이인직의 신소설 「귀의 성」(1906)에는 근대적 시계와 시간표에 맞춰 자신의 신체와 행동을 조절해 가는 사람들의 모습이 등장한다. 사람들은 종각에서 정오 12시를 알리는 소리를 듣고, 집에 있는 시계의 시간을 맞추기 시작했다. 게다가 "오늘 식전 일곱 시 사십 분에 떠나는 기차"를 능숙하게 인식하는 사람들까지 있었다.

그렇다고 산업화의 기제들이 쉽게 사람들의 감각을 지배한 것은 아니다. 경험하지 못한 생경한 문물에 대한 경이와 충격은 항상 존재한다. 근대 계몽기 한국에서 이 놀라움과 충격은 언제나 문명의 이름으로 표백되었다. 충격은 근대가 만들어낸 도시 문화의 특징이기도 하며, 말 그대로 외부에서 가해진 자극에 대처할 능력이 없음을 뜻한다. 갑자기 변한 세계와 경험하지 못한 매체들, 그 돌연한 변화에 적응해 가는 것이 근대 도시인들의 삶의 방식이었다. 이인직의 「혈의 누」(1906)에 등장하는 '옥련'이나 이해조의 「고목화」(1907)에 등장하는 '갑동이'의 모습은 그런 의미에서 매우 인상적이다.

당시 7세였던 옥련이는 청일전쟁(1894)으로 인해 전쟁고아가 된다. 청일전쟁은 말 그대로 청나라와 일본의 전쟁이었지만, 실질적인 전투 공간은 한국이었다. 청나라와 일본의 치열한 전투는 평양에서 펼쳐졌으며, 며칠의 전투 끝에 결국 청은 일본의 화력 앞에 무릎을 꿇었다. 평양에 있던 많은 한국인들은 청군이 쏜 총알과 일본군이 발사한 포탄에 맞아 쓰러졌다. 옥련이도 평양 전투의 혼란 속에서 청군이 쏜 총알에 맞아 쓰러진다. 총상을 입고 기절한 옥련이는 우연히 일본군 군의관에 의해 발견된다. 그녀는 일본 적십자 야전병원으로 이송되어 치료를 받고 살아난다. 부모와 헤어진 옥련이는 군의관의 도움으로 부모의 생사를 수소문해 보지만 헛일이었다.

결국 옥련이는 군의관의 도움으로 인천을 거쳐 일본으로 떠난다. 일본의 오사카 항구에 처음 발을 디딘 옥련이는 "천

동지동하듯 구르며 풍우같이 달아나는" 기차와 인력거의 바퀴 소리에 정신을 잃는다. 「고목화」의 갑동이는 "오뉴월 소낙비에 천둥같이 우루루 소리"를 내며 달려드는 기차 앞에 혼비백산한다. 옥련이와 갑동이가 느끼는 기차 소리는 '천둥'과 '번개'의 이미지로 다가왔다. 대자연의 신비로운 현상이나 자연의 폭력 앞에서 느끼는 충격을 이제 기차와 같은 기계문명 속에서 경험하기 시작한 것이다. 기계문명이 곧 제2의 자연인 셈이다. 그러나 옥련이와 갑동이의 기계문명에 대한 충격은 그리 오래 가지 않았다. 그들은 기계문명으로부터 발현되는 충격적 감각을 서서히 '학습'해 가고, 익숙한 일상의 배경처럼 여기게 되었다. 어쩌면 문명인으로 살아간다는 것은 새로운 것의 충격에 익숙해지고, 적응하는 것인지도 모른다.

계몽가들이 기계문명의 속성을 문학적 메타포로 자주 사용하는 이유는 기계 소리에서 발산되는 음향이 사람들에게 청각적으로 충격을 가하기 때문이다. 충격이 때로는 인간을 무력하게 만들기도 하지만, 어떤 상황에서 충격은 변해 가는 세상을 직시하게 만들고, 그 충격을 이겨냄으로써 성숙해지게 만든다. 성숙해진다기 보다는 오히려 충격에 무감각해진다는 표현이 더 옳다. 그럼에도 충격요법이 효과를 불러일으킬 수 있는 것은 계몽의 당위성과 짝패를 이루었을 때이다. 계몽가들은 기차나 시계 그리고 유성기 소리의 속성을 이용하며 무지한 민중들과 위기에 처한 한국 사회에 충격을 가하고자 했다.

기차 고동 한 소리에 정부 대관 놀랐으니 위급 시대 생각
하고 전일 습관 버린 후에 새 정치를 베풀어서 나라 권세
회복키를 속히 가는 기차같이

기차 고동 한 소리에 완고 꿈을 깨였으니 전진하는 사상
으로 비루심장 다 버리고 실지 사업 힘을 써서 개명 상에
진보키를 속히 가는 기차같이(「기적일성」, 『대한매일신보』,
1908.8.16).

천둥과 번개의 위력을 머금은 기차 소리, 그 가공할 충격이
고스란히 문명개화의 힘으로 흡수된다. 세상이 급격하게 변한
줄도 모르고 꿈속에서만 헤매고 있는 몽매한 민중들과 부정부
패만 일삼는 정부 관리들에게 정신을 번쩍 들게 만드는 충격
요법으로 기차 소리가 이용된다. 기차 소리는 계몽의 빛, 즉
시각적인 이미지를 청각화한 것이며, 한국인이 '중세적 어둠'
으로부터 탈출해 가는 속도를 나타낸다.

문명개화를 위해 설립한 근대적인 신식 극장들이 매춘을
알선하는 소굴로 변해갔다. 단성사, 협률사, 원각사, 광무대 등
근대식 극장은 취군 나팔 소리를 동원하여 사람들을 유인하였
고, 이로 인해 도시는 좀더 소란스러워졌다. 사람들은 극장의
취군 나팔 소리에서 탕자들의 방탕한 화류계 생활을 연상했
다. 때문에 신문들은 극장에서 공공연히 거래되는 '매춘'에 대
해서 비난의 화살을 퍼부었다. 경찰서에서는 사복경찰을 극장
에 투입하여 밀매음 소탕작전을 펼쳤고, 업계에 종사하는 많

은 여성들이 검거되었다.

기생들의 판소리 또한 계몽가들에게 공격을 받았다. 기생의 노래 소리에 패가망신하는 사람들이 속출하였고, 기생방에서 세월을 낭비하는 청년들이 늘어났기 때문이다. 유성기에서 홀러나오는 애잔한 음악 소리가 위기에 처한 한국인들의 마음을 더욱 나약하게 만든다는 비판도 일었다. 진정한 노래라고 칭송 받았던 것은 "애국성아 애국성아", "전국 동포 크게 불러", "하루 빨리 문명되고 쉬지 말고 진보" 하자는 투의 '학도가'와 '애국가' 등의 근대 계몽에 관한 노래뿐이었다(『대한매일신보』, 1907.9.25).

개인의 모든 열정이 애국의 열정으로 환원되어야만 했던 근대 계몽기에 계몽의 도구이자 문명의 상징으로 받아들여졌던 서구 도시의 문명의 이기들은 계몽가들이 보기에 오히려 부정적으로 악용되고 있었다. 이는 그만큼 새로운 문명의 산물들이 억눌려 있던 사람들의 욕망과 그들의 감성을 자극하기에 뛰어난 도구였음을 반증한다. 이처럼 대중은 무엇보다 감각에 민감하게 반응하였다.

사람들을 모집하는 취군 나팔 소리와 유성기 소리는 개인의 쾌락적 욕망에 불을 지폈다. 하지만 사람들은 나팔 소리와 유성기 소리가 그저 좋게만 느껴지지 않았다. 유성기는 돈푼깨나 있는 사람들의 오락 도구였고, 근대식 극장 역시 그러했다. 유성기 소리에 일상을 위무 받는 사람들은 일부에 불과했다. 오히려 극장에서 흘러나오는 기생들의 노래 소리와 취군 나팔 소리 그리고 유성기 소리 때문에 잠을 이룰 수 없다는 불만들이 여기저기에서 쏟아져 나왔다. 이러한 가운데 신문매체는 좀 더 강도 높게 소리의 이미지를 계몽의 도구로 이용하였다.

경세목탁 손에 들고 대한강산 다니면서 잠든 사람 꿈을 깨여 새 정신을 불러낸다

침침 칠야 이 천지에 이천만인 가련하다 들보 위에 저 제비는 불붙는 줄 왜 모르나 동해 풍랑 몇 날 전에 삼천리 강토 둥둥 뜬다 윤선 소리에 잠 깨어라

꿈에 노는 내각대신 목전 공명 탐치 마라 이 나라의 위급 형세 태산 밑에 알이로다 애급 월남 못 보는가 경계할 일 저기 있다 기차 소리에 잠 깨어라

몽롱하게 조는 원로 일평생이 국은이라 남의 집 일 아니거든 수수방관 웬 일인가 문명열국 본을 받아 자강력을 양성하오 초인종 소리에 잠 깨어라

혼돈 세계 각부 관인 월급 푼에 팔렸구나 이 강산이 없어지면 저 관직은 있을 손가 감액하고 남는 자리 외방 손님 다 뺏는다 전화 소리에 잠 깨어라

희미하다 관찰군수 무슨 행정 하였는가 풍진 도처 일어나고 백성 사방 유리해도 침식 방책 전혀 없다 총 소리에 잠 깨어라

정신 없다 유지자는 외식 명예 취치 말고 외인 아첨 제발 마오 단과 회라 자칭하나 헛된 영자 뿐이로다 견고한 단체

아니되면 강장한 힘 어서 나나 자유종 소리에 잠 깨어라

　　청춘 시절 저 학도여 국가 기초 여기 있다 게른 마음 두
지 말고 부지런히 공부할 때 살과 같이 가는 세월 일각인들
허송할가 자명종 소리에 잠 깨어라

　　꿈을 꾸는 저 완고는 시대 변천 한치 마라 부패 사상 다
버리고 개명 목적하여 보게 오늘 가고 내일 오니 신사업이
바쁘도다 인경소리에 잠 깨어라(「시사평론」, 『대한매일신
보』, 1908.1.18).

　서구에서 수입된 소리란 소리는 모두 총동원된 듯한 이 가
사는 근대 계몽기의 소리의 상상력과 문명개화의 열망이 극단
적으로 결합된 작품이다. 가사의 내용 가운데 '침침 칠야',
'꿈', '몽롱', '혼돈', '희미함' 등은 부정적인 이미지를 내포하
고 있다. 그것은 극복되거나 배척해야만 하는 '중세적 이미
지', 곧 야만의 이미지이다. 이러한 인식이 가능할 수 있었던
것은 계몽가들이 '중세 : 근대＝야만 : 문명'이라는 도식을 전
제로 세상을 파악했기 때문이다. 야만적 이미지와 대립 관계
에 있는 이미지는 바로 '기차 소리', '초인종 소리', '전화 소
리' 등이다. 이것들은 근대 도시의 산물이자 문명개화의 상징
이다. 특히 서구 문명이 척점되어 가리키는 기계의 성질은 문
명의 '속도'와 연결된다. 대지를 가로질러 광폭하게 질주하는
기차의 소리, 그것은 다름 아닌 '계몽의 소리'이자, 문명을 향
해 돌진하는 힘으로서의 '속도'이다. "기차 고동 한 번 불매

일폭강산 수천리가 번개 같이 순식간에 눈앞으로 지나가니 저 속력을 옮겨다가 사람 일에 붙여 노면 새 세계가 쉽게 될 듯"하다는 희망이야말로 근대 계몽기 '소리'의 이미지가 발현되는 궁극적인 지점이다(「기적일성」). 염상섭 또한 기차를 묘사하면서 "단 일분의 정차도 안이하고 땀을 뻘뻘 흘리며 힘있는 굳센 숨을 헐떡헐떡 쉬는 '풀 스피드'의 기차로 영원히 달리고 싶다"고 표현했다(「표본실의 청계고리」, 1920).

그러나 서구의 근대를 따라잡는 '속도'의 상징이었던 '기차'의 표상은 점차 다른 의미로 바뀌어 갔다. 최남선은 이를 예견이라도 한 듯, 「경부철도가」(1908)에서 기차의 특성을 "늙은이와 젊은이", "우리네와 외국인" 그리고 "내외 친소 다 같이" 탔지만, 결국 "딴 세상"일 뿐이라고 묘사했다. 여기에서 "딴 세상"이란 낯선 사람들과 스치듯 마주치는 공간으로서의 기차, 각기 다른 욕망이 아주 우연히 충돌하는 공간으로서의 기차를 의미한다. 근대 계몽기에 기차의 상징이 흩어진 민중들의 역량을 집결하여 문명개화의 한 길로 급속하게 전진해 가는 도구로 인식되었다면, 최남선의 글 속에서는 개별화된 개인들의 욕망을 발견할 수 있다. 이제 기차의 속도는 더 이상 근대 계몽기처럼 문명개화라는 밝은 이미지를 갖지 못한다. 기차가 발현하는 근대적 속도란 개인의 일상이 자본주의의 중력장치에 급속하게 빨려 들어가는 속도이며, 화폐를 재생산해내는 도구로서의 인간의 삶을 의미할 뿐이다.

조물주의 수단을 빼앗아서 만들었다고 찬탄해 마지않던 근대 문명의 총아인 기차의 기적 소리와 함께, 하루에 수천 명의 사람들이 모여드는 기차역의 풍경은 문명의 속도와 진보를 넘어 만남과 이별의 정한을 형상화하기 시작했다. 기차 소리는 문명개화를 위한 '분주함'보다는 고된 일상에 지친 식민지 조선인들의 삶이 음각되어 있는 청각적 이미지로 변화되었다. "고동 소리"에 놀라 "기차가 온다"는 것을 알지만 "갈 데도 없는 놈"들이 "자빠져서 뒹굴"고 있는 현실의 암울함이 강조되었다(이광수, 「기차」, 『조선문단』, 1925). 기차가 무기력한 일상을 환기하는 매개체로 전환된 것이다. 요컨대 "털크덕 털크덕"거리며 달리는 "괴상하고 거창한 파충류 동물"로 비유된 기차의 운명, 그 기적 소리는 가난에 찌들어 고향을 떠나는 사람들의 슬픈 절규이자, "부글부글 끓어오르는 소비기관의 망상"이 되어 현실을 역류한다(정지용, 「파충류동물」, 1926).

기차는 과거를 돌아볼 겨를도 없이 앞으로만 내달리는 속성을 갖고 있다. 서구 사회가 만들어 낸 사회 진화론적 시간에 가장 잘 어울리는 기계문명으로서 문명을 추동하는 기관이자 '진보의 속도'를 의미했다. 그러나 기차가 자본의 속도에 탄성을 받아 앞으로 내달릴수록 자본주의 사회에서 도태되는 사람들의 운명은 기차의 녹노반큼이나 빠르게 가난과 고통의 삶 속으로 추락해 갔다. "문명의 특산물인 기차의 은택"은 불현듯 사라졌다(김찬영, 「K兄에게」, 『폐허』, 1920). 이제 기차 소리는 "무거운 짐을 실은 소가 헐떡이듯, 신음"하며 목적지도 모른

채 전진해야만 하는 인생의 허무함을 전달할 뿐이다. 거친 신음 소리를 내며 달려가는 근대적 삶, 그런 의미에서 "기차는 인생의 상징"이기도 했다(현진건, 「몽롱한 기억」, 『백조』2, 1922).

박태원의 「소설가 구보 씨의 일일」(1934)에 등장하는 소설가 구보에게도 다를 바 없다. 활기찬 경성역의 풍경은 옛 일이 되었다. 기차역의 활기참이란 새 것에 대한 경이와 미래에 대한 낙관적 희망, 문명에 매혹된 근대 계몽기 특유의 아우라였다. 구보는 군중 속의 고독을 느끼며 "사람들이 있는 곳으로, 약동하는 무리들이 있는 곳으로 가고 싶다 생각"한 나머지 경성역으로 발걸음을 옮긴다. 그곳에서 구보는 사람들이 "빽빽하게 모여 있어도, 그들의 누구에게서도 인간 본래의 온정을" 찾을 수 없음을 느낀다. 그들은 "오직 자기네들 사무에 바빴고" 구보는 다시 쓸쓸한 감정에 휩싸인다. 모더니스트 구보에게 경성역으로 대표되는 도시 공간의 분주함은 개체의 고독을 증폭시키는 매개체에 불과했다. 기차의 기적 소리에는 진화론적 속도가 주는 환상과 공포가 공존하고, 기차역은 개별화된 개인들이 우연히 마주치는 장소로 변화한 것이다.

쇼윈도를 걸어 나온 '소리'들

1910년 전까지만 해도 소리에 대한 상징은 문명개화, 애국 계몽의 투망에서 자유롭지 못했다. 일본의 한국 강제 침탈이 성공한 뒤, 그 목적이 어떻든 간에 한국은 근대 자본주의의 길을 걷게 되었고, 총독부는 도시개발에 박차를 가했다. 그 결과 가장 먼저 서울이 옛 모습을 상실한다. 도로의 진흙이 걷히고, 흙구덩이가 메워지면서 반듯하게 포장되었다. 거리마다 가로 등이 설치되었으며, 양옥집이 부쩍 늘었고, 전차와 자동차들 이 부산스럽게 경적을 울렸다.

도시의 번화가는 사람들에게 강렬한 자극을 주었다. 급속한 교통량의 증가는 사람들을 계속 빠른 속도로 이동하게 만들었 다. 근대적 시간은 더욱 더 사람들의 활동을 미세하게 포섭했다. 근대적 속도와 시간은 사람들의 신체를 통제하는 메커니즘이 되었다. 사람들은 근대적 속도와 시간 속에서 특정하게 코드화된 삶의 습관을 형성해 갔다. 갑자기 변한 사회와 도시 전체가 급격하게 요동치는 혼란에 순응하고 적응해 가는 일은 근대 도시인들의 일상이 되었다. 도시에 적응하는 것은 사람들의 신체만이 아니었다. 감각 또한 도시의 변화에 적응해야만 했다.

1900년대식의 애국계몽이 탈각된 자리, 개인의 열정이 애국의 열정이라는 영토를 떠난 자리에 남은 것은 근대 자본주의가 생산해 내는 욕망과, 그것을 소비하는 개인의 범람이었다. 비판적 지식인들과 아직도 애국의 열정으로 충만한 사람들의 눈에는 일신의 쾌락을 위해 달려가는 몰지각한 행동으로 보였지만, 그래도 많은 도시인들은 근대 도시가 주는 묘한 매력을 거부할 수 없었다. 대중들은 도시가 발산하는 감각적 자극에서 자유로울 수 없었다. 어떤 면에서 대중은 그물에 걸리지 않는 바람처럼 제도와 규율에 걸리지 않는 존재였다. 근대적 속도와 시간이 그들을 옭아매고, 그들의 욕망까지도 통제하는 것 같지만, 어느 날 그들은 전혀 다른 세상을 연출하기도 한다.

박종화의 「여명」(1925)은 시골 청년 '태원'이 서울에 처음 상경했을 때의 느낌을 자세하게 서술하고 있다. 항상 동경해 오던 서울에 드디어 입성한 태원은 모든 풍경을 신기한 듯 바라본다. 그런 태원의 마음에는 이전에 이광수의 「무정」에 등장하는 '형식'과 1910년대 초 일본 유학생들이 느꼈던 도시에 대한 태도와는 일정한 거리가 있다. 그에게 도시는 문명의 상징도 망국의 비애를 통한하는 장소도 아니다. 그에게 도시는 자신의 욕망을 발산할 수 있는 공간에 불과하다. 태원은 "화려한 삼사층 벽돌집이며 휘황찬란하게 장식해 논 상점의 유리창이며 그 사이를 뚫고 다니는 전차 자동차 인력거 자전거 와글와글 움직이는 수많은 사람의 무리"에 황홀해 한다. 아울러 "불야성을 이룬 휘황찬란하게 불컨 거리며 아름다운 별로 장식한 듯한 극장에서 퍼져 나오는 신기한 악기 소리를 들을 때 그는 자기의 몸이 환락의 천국에 든 것 같은 황홀한 즐거움"을 느낀다. 태원은 도시가 생산해 내는 눈부신 감각에 도취되어 무의식적인 황홀감에 빠져들었지만, 이는 시골에서 갓 상경한 청년만이 느낄 수 있는 개인적인 감각은 아니었다. 일본의 식민지로 접어든 한국의 도시에 살고 있는 많은 도시인들의 감각이기도 했다. 그들과 달리 근대 도시의 산물을 대척점에서 응시하는 사람들도 있었지만, 한국은 일본 제국주의가 심어 놓은 자본주의적 욕망이 들끓어 넘치는 도가니가 되었음은 부인할 수 없다.

도시의 감각, 도시의 소리

　도시의 밤거리는 현란한 네온사인과 음악 소리, 자동차 소리, 인력거 소리, 신여성들의 하이힐 소리로 뒤덮였다. 대낮에는 자동차와 전차, 버스, 오토바이, 인력거가 서로 경쟁하듯 아우성쳤고, 밤이 되면 모던보이와 모던걸이 쾌락을 찾아 도심의 밤거리를 배회하였다. 다방과 백화점 그리고 서구적 카페는 그들이 모여드는 중심지였다. '쌍 에스 생(双S生)'이라는 요상한 필명의 기자는 1920년대 후반 서울의 풍경을 기록하는데, 가히 전쟁터나 다름없다.

　　뿌-웅 뿌-웅 까르르르- 뿌-웅
　　먼지를 연기같이 일으키면서 진흙 묻은 자동차와 기생 태운 서울 자동차가 엇밧귀여 지나가는 가 하면 탁 탁 탁 탁 탁. 큰일이나 난 것처럼 자동자전거가 눈이 뒤집혀 닳는다.
　　와지직 와지직 낄 낄 와- 와- '짐마차'
　　덜거덕 덜거덕 어라 이놈의 소야 '소구루마'
　　뽕- 뽕- 기생 탄 인력거 텁석부리 '인력거'
　　따르릉 따르릉 아차차 자전거가 어린애를 치고 쓰러졌다.
　　땡 땡 웅- '아이고 나 좀 내려주세요'
　　쩔-렁 쩔-렁 어서가 이 놈의 소야 '나뭇바리'
　　저벅 저벅 저벅 '중학생'
　　짜박 짜박 짜박 '송곳 굽 구두'
　　깨육 깨육 깨육 따- 딱 '모던보이 지팡이 소리'
　　날마다 아침부터 밤중까지 이 요란한 속에서 눈을 핑핑 돌리면서도 그래도 신경쇠약을 부르지 못하는 교통순사야말로 건강하다면 굉장히 건강한 몸이요 불쌍하다면 굉장히 불쌍한 신세지(「대경성 광무곡」, 『별건곤』, 1929.1).

별의별 소리가 어울려, 소리의 별천지가 된 서울. 기자가 본 서울의 풍경은 말 그대로 '광무곡(狂舞曲)', 미쳐 날뛰는 소리가 요란한 곳이었다. 기자는 이에 더해 마냥 쌍심지를 치켜뜨고 서울을 아편쟁이가 득실거리고 부모를 두들겨 패는 후레자식들이 모여 있는 곳이라며 험상궂게 말한다. 이 기자와 비슷한 일군(一群)의 사람들에게 도시의 밤은 '마굴'을 떠올리게 한다. 살인과 강도와 간음이 구더기처럼 들끓는 서울의 밤거리는 음란과 폭력으로 얼룩졌다. 이에 반해 또 다른 일군의 사람들에게 "선명한 네온사인의 유혹"은 도시에 사는 사람들의 우울한 기분을 풀어주는 기제로 작동한다. 그들에게 도시는 "노는 사람 일하는 사람 이들의 노는 방식이 어떻든, 일하는 일이 귀하든 천하든 밤이면 한결같이 도회의 흥분을 맛보고 가두로 가두로 몰려나온다. 그리하여 가두의 각 처는 광선으로 음향으로 사람을 끌기에 애를 써서 도처에 불야성"을 이루는 곳이다(『동아일보』, 1932.11.22).

근대 도시의 강렬한 색채와 요란한 소리는 긍정적이든 부정적이든 대중의 내면으로 날카롭게 파고들었다. 백화점 쇼윈도에서 알록달록한 수영복을 걸치고 있는 마네킹은 사람들에게 해변으로 떠나고 싶은 욕망을 부채질하고, 백화점 벽에 걸려 있는 해수욕장 광고 포스터에서는 이국의 사람들이 수영복을 입고 '낙원'으로 들어오라고 손짓한다. 마침 저녁 시장에서 아이스크림 장사가 '아이스크림'을 사라고 외치면 더욱 해변에 가고 싶은 충동에 빠져든다(김기림, 「바다의 유혹」, 『동아일보」, 1931.8.27). 근대 도시 문화가 발산하는 유혹은 "우리에게 있어서 소비도시와 소비생활에 쇼윈도처럼 단편적으로 진열되었을 뿐"이라는 비판을 받았지만 대중들의 소비 감각을 막지는 못했다(김기림, 「30년대 소묘」, 『인문평론』, 1940.10). 도시 문화의 천박한 화려함은 쉽사리 대중을 압도해 갔다. 이처럼 대중이 영위하는 문화는 상업성, 천박함, 가벼움 등으로 비유되지만, 또한 그것이 지닌 역동성을 무시할 수는 없다. 때때로 이 천박한 가벼움이 폭압적 제도를 내파하는 동력으로 활용되기 때문이다.

도시 문화의 위력이 좀더 또렷하게 부각되는 곳은 도시와 대립각에 놓여 있는 시골생활에서 찾을 수 있다. 이상은 "잔인한 관계를 가지고 담벼락을 뚫고 스며"드는 근대 도시의 생활을 뒤로 하고 성천으로 여행을 떠났다(이상, 「지주회시」, 『중앙』, 1936). 평안북도 성천이라는 한적한 농촌에 도착한 이상은 맨 먼저 커피 향을 떠올린다. 그는 "향기로운 MJB의 미각을 잊어버린 지도 이십 여 일이나" 된다며 말문을 연다(이상, 「산촌여정」, 『매일신보』, 1935). 성천에 온 이상의 신체를 제일 먼저 자극하는 감각은 도시의 다방에서 즐겼던 커피 MJB의 향기에 대한 회상이다. 마치 담배나 마약을 끊는 사람들에게나 있을 수 있는 금단현상을 이상은 커피를 마시지 못하는 상황에서 느끼고 있다. 그만큼 도시 문화의 자극은 강렬한 것이었다.

별빛만 초롱초롱 빛나는 시골 밤, 이상은 커피 향기와 더불어 떠나온 도시의 풍경을 끄집어낸다. "슬퍼하는 것처럼 고개를 숙이고 도회의 여차장이 차표 찍는 소리 같은 그 성악(聲樂)을 가만히 듣습니다. 그러면 그것이 또 이발소 가위 소리와도 같아집니다. 나는 눈을 감고 가만히 또 자세히 들어봅니다." 한적한 시골 밤, 홀로 방안에 있던 이상은 죽음처럼 고요한 어둠을 뚫고 도시를 그리워한다. 비록 소란하고 날카로운 소리로 가득하지만, 현기증을 일으킬 만큼 분주한 도시이지만, 그래도 이상의 몸은 도시의 감각을 잊지 못한다. 이상에게 근대 도시는 이국적 향취가 물씬 풍겨나는 곳, 자신의 꿈과 희망을 키웠던 곳이다. 그렇기에 이상은 "도회에 화려한 고향"이 있었다고 말할 수 있었다(「산촌여정」). 그렇지만 이상은 근대 도시의 특성을 너무나 잘 알고 있었다. 이상이 도시의 상업적 소비문화를 즐기는 방식은 역설적이게도 자신을 탕진하면서 진행된다. 피할 수 없다면, 거부할 수 없다면, 오히려 모든 걸 그곳에 쏟아 부어 산산이 흩어지게 만드는 것이다. 어떤 면에서 이상은 가장 극단적인 방법으로 도시의 감각을 흡수했던 셈이다. 목숨을 담보로 내 놓을 만큼 근대 도시의 마력은 강력했다.

구령과 사이렌, 신체를 훈육하다

1896년 6월 25일 『독립신문』에 황당한 기사가 실렸다. 당시의 '특목고'라고 할 수 있는 외국어학교 학생들이 고종 앞에서 자신들이 배운 근대적인 교육 내용을 선보여야 했다. 당시 고종이 학생들에게 뭘 배웠느냐고 묻자 학생들은 이상한 행동을 취했다. 일반적으로 근대적 교육을 받은 학생이라면 서구의 과학이나 의학적 지식에 대해 말하거나 외국어학교 학생답게 능통한 외국어 구사 능력을 선보여야 하는데, 예상과 달리 학생들은 갑자기 줄을 맞춰 서더니 어설픈 춤을 췄다. 그때만 해도 상상할 수 없는 일이었다. 감히 군주 앞에서 남학생들이 춤을 추다니! 사실 그들은 춤을 춘 것이 아니라, 근대적인 체조를 선보였다. 고종은 매우 흡족하여 학생들에게 부채를 선물로 주고 그들의 학업을 격려했다. 학생들은 고종의 칭찬과 격려에 만세삼창으로 답했다.

근대 계몽기에 한국이 받아들인 근대적 교육 중에 과학과 의학만큼이나 중요하게 여겨졌던 과목이 체육이었고, 체육 중에서도 체조는 아주 중요한 과목으로 대우받았다. 체조는 교육이자 스포츠로 위상을 날렸다. 봄과 가을에 열리는 학교의 운동회에서도 체조는 단골 메뉴로 자리잡았다. 사람들은 당시의 훈련원에서 들려오는 학생들의 구령 소리를 들으며 문명개화의 밝은 앞날을 상상하기도 했다. 체조는 군대의 규율과 다름없다. 개인의 신체를 특정한 코드로 길들이는 방식이다. 체조는 개인의 신체를 분절한다. 신체의 각 마디마디는 호각 소리에 따라 운동한다. 상무정신(尙武精神)이 강조되었던 시대적 흐름을 반영이라도 하듯, 군인들의 제식행렬과 흡사한 체조가 각광을 받았던 것이다.

근대 계몽기의 학생들은 체조 훈련을 통해 강인한 신체를 만들었는데, 이는 장차 미래의 군인을 육성하는 일이기도 했다. 1908년 5월 인천 강화군에서 개최된 운동회 풍경은 이를 잘 말해 준다(「굉장한 운동」, 『대한매일신보』, 1908. 5.17). 대부분의 연합 대운동회의 첫 종목은 연합 체조로 시작하고, 그 다음에 본격적인 경기를 진행한다. 그런데 강화군의 운동회에서는 다른 지역에서 볼 수 없었던 광경이 연출되었다. 학생들이 총을 메고 편을 갈라 모의 전투를 실시한 것이다. 군악 소리와 구령 소리에 맞춰 학생들은 상대편을 향해 진격하였고, 치열한 전투를 전개했다. 이로 인해 부상한 학생들도 속출했다. 이처럼 학생들이 학교에서 매일 연습했던 체조와 제식 훈련은 곧 군사훈련이었다. 구령 소리는 군인다운 전투 기계를 양성하는 소리였다.

근대 계몽기 학교의 운동장에서 울렸던 구령 소리와 등교를 알리는 종소리가 한국의 문명개화와 밀접한 관계를 맺으며 발현되었다면, 일제 강점기에 일상을 점령한 사이렌은 민중들의 삶을 자본의 속도와 시간에 붙들어 매는 소리였다. 학교와 운동장 혹은 훈련원에서 쩌렁쩌렁 흘러 나왔던 청년들의 구령 소리는 이제 아련한 추억으로 사라졌다. 비록 여전히 학생들의 구령 소리가 학교 운동장에서 울리기는 했지만, 그것은 일본 제국주의의 파시즘에 복무하는 인간들을 양산해 내는 소리였다.

1928년 8월 파영생(波影生)이란 필명의 기자가 르포기사를 썼다. 개항부터 인천은 미두(米豆)로 문전성시를 이뤘다. 미두는 선물거래이지만, 일종의 도박으로 당시 미두에 손을 대서 패가망신한 사람들이 한둘이 아니었다. 파영생은 미두와 밀매음으로 소문난 인천 신포동과 그 일대에 대한 탐문기사를 잡지 『별건곤』에 실었다. 기자는 인천의 저녁 풍경을 보며 쾌락과 타락의 별세계에 와 있는 듯한 착각에 빠졌다. 그 풍경은 매우 기괴하고 아이러니컬하였다. "불당의 쨍쨍 소리, 성당의 땡땡 소리를 따라 기다리고 있었던 듯이 활동사진의 취군 음악 소리와 요리집의 장구 소리가 요란히 일어난다." 한 쪽은 세속을 등진, 아니 세속 저편에서 극락과 천국을 희망하는 사람들을 구원하기 위한 '소리'가 울리고, 그 맞은 편에선 화류계로 들어오라고, 당신의 쾌락을 마음껏 발산하라고 부추기는 '소리'가 일렁인다.

기자는 미국 연애영화가 좋다고 힘껏 나팔을 불고 있는 극장의 삐끼들과 기생들의 자탄가(自歎歌) 그리고 염불 소리와 기도 소리를 "패망해 가는 광소곡(狂騷曲)"으로 표현하고, 그 소리가 자신의 신경을 어지럽게 한다고 불평한다. 이때 어디선가 기자의 신경을 더욱 민감하게 자극하는 소리가 들려온다. "오오 이 소리 이 소리 이 소리뿐만이 인천에서 듣는 산 소리다. 모든 사람이 흐느적거리고 온갖 소리가 자멸에 노그라지는 것뿐인 중에(……) 이것이 전 인천의 모든 적성(吊聲)을 물리치고 오히려 더 솟아 뻗치는 소리가 아니냐.(……) 하잘 것 없는 인천 속에서 가장 위대하게 울리는 희망의 소리이다."

과연 무슨 소리가 그토록 기자를 감동하게 만들었을까? 그건 다름 아닌 무도장에서 울려 퍼지는, "인생의 큰 전쟁에 용사 되려고"로 시작하는 무도가(武道歌) 소리와 "에잇!", "얏!" 하는 기합 소리였다. 이미 자멸해 버린 조국에서 기자에게 희망을 준 소리는 근대 계몽기의 추억을 환기시키기라도 하듯이 "쇠같은 팔뚝과 주먹"을 지닌 청년들의 힘찬 외침과 우렁찬 무도가였다.

종각에서 울렸던 종소리는 사라지고, 1908년부터 공식적으로 선을 보인 오포 소리가 그 자리를 차지했다. 그리고 1922년 일본의 군비축소 정책의 일환으로 오포는 사라지고, 그 자리를 사이렌이 대체하였다. 매일 정오 12시에 울리던 오포가 사이렌으로 바뀐 것이다. 사실은 정오에 오포를 울린 게 아니라 한국 시간으로 말하면 11시에 울렸다. 일본 통감부가 한국과 일본과의 1시간 시차를 무시했기 때문이다. 사람들은 종각에서 울리는 오포와 사이렌 소리를 들으며 하루의 시간을 계산했다. 좀 더 지식이 있는 사람들은 그 소리가 일본과 1시간의 시차가 있음을 알았고, 자신의 지식을 뽐내기도 했다.

사이렌은 본질적으로 사람의 신경을 자극한다. 그 소리는 "뾰족한 소리 빽 지르는 소리"이며, 더욱이 "항구가 아닌 서울 같은 도시에서 일어나는 사이렌은 대개 다 경적인 만치 교통순사의 날카로운 시선"과 같은 것이다(이태준, 「隨想二題」, 1934.12). 교통순사의 시선과 같은 사이렌은 사람들의 동작을 통제하는 소리이자 '명령 신호'이다. 'Go' 'Stop'의 경계에 사이렌은 대기중이다.

구령 소리가 절도와 기계의 표상이라면, 사이렌은 정지와 죽음을 알리는 소리이다. 일종의 명령 체계를 내포한 소리로서, 사이렌 소리를 들으면 우리는 본능적으로 '피해라', '숨어라'하는 명령어를 떠올린다. 또 사이렌 소리는 '위험'과 '공포'를 수반하기도 한다. 준전시 상태를 환기하는 소리로서, 공포와 위험을 알리는 수단이었던 것이다. 사이렌 소리에서 우리가 무의식적인 두려움과 죽음, 파괴에 대한 공포를 지각하는 것은 바로 그 때문이다. 이는 사이렌의 태생이 전쟁과 맞물려 있음을 의미한다.

그리스 신화에 등장하는 사이렌은 아름다운 노래를 불러 사람들을 죽음에 빠뜨리는 반인반조(半人半鳥)의 마녀이다. 사이렌의 노래를 듣는 사람들은 그 자리에서 즉사하고 만다. 유일하게 죽음을 피했던 사람이 바로 오디세우스이다. 그러나 그가 진정으로 사이렌의 노래, 즉 죽음의 유혹을 극복한 것은 아니다. 오디세우스는 사이렌이 부르는, 죽음과 맞바꿀 정도로 감미로운 노래의 유혹을 이겨내기 위해 자신을 배의 기둥에 묶고, 노를 젓는 선원들의 귀를 막게 했다. 결국 오디세우스는 살아남았다. 그러나 오디세우스가 진정한 영웅이었다면 사이렌의 유혹을 철저히 즐겼어야 했다. 그리고 사이렌의 유혹을 내파해야만 했다. 그러나 오디세우스는 순간적인 잔머리를 써서 사이렌의 마력을 피해갔을 뿐이다.

근대의 사이렌은 시간의 정지를 알린다. '뚜~우~' 울리는 그 소리를 듣자마자 우리의 일상은 순간적으로 얼어붙는다. 그리고 다시 사이렌이 울리면 삶의 쳇바퀴는 서서히 굴러간다. 마치 어렸을 때 했던 '얼음 땡' 놀이와 흡사하다. "오적(午笛: 사이렌)이 뛰~ 하고 울면 공장도 사무소도 은행사회도 일을 중지하고 거리에서 땅파던 노동자도 나무 그늘에서 허리에 찼던 찬밥을 먹는다."(「대경성 삼부곡」, 『별건곤』, 1929.10).

일제 강점기의 공장은 사이렌을 도입했다. 사이렌은 자본의 속도와 중력장치에 포섭된 인간들을 양산해 냈다. 이광수는 공장에서 울리는 기계 소리와 거리의 분주함을 문명과 근대화의 상징으로 판단했다. 이런 이광수의 생각은 그리 오래가지 못했다. 훗날 이광수는 그토록 열광했던 도시화의 산물들이 주는 두려움을 자각하기 시작한다. "동경 정거장서 내려서 놀란 것은 전차와 자동차가 무섭게 많아진 것이다. 뚜뚜 오루루 하는 사이로 사람들이 말없이 다니는 것은 비참한 광경이다." (「동경」, 『조선문단』, 1925). '무서움'과 '비참함'이 공존하는 도시나 공장에서 흘러나오는 기계 소리와 거리의 부산함은 더 이상 이광수 식의 유토피아를 향한 소리가 아니었다. 근대적인 산업화가 진행될수록, 도시화가 강도 높게 진행될수록 근대 도시 생활의 환영과 환상은 더욱 더 야누스적인 모습을 띠었다.

근대 자본주의의 특성 중 하나가 인간을 규율에 의해 훈육하는 것이자 인간을 기계화하는 것이며, 개인의 고독을 증폭하게 만드는 것이다. 노동의 시작과 끝을 알리는 신호가 사이렌이고, 노동자들은 기계의 움직임에 따라 신체를 조율한다. 물론 일제 강점기라는 특수한 상황 때문에 공장의 기계 소리가 '수탈'의 소리로도 들릴 수 있다. 일제 강점기 공장들은 노동자들을 길들이고 생산능률을 높이기 위해 갖가지 방법을 동원한다. 폭력과 처벌 그리고 벌금 제도를 비롯하여 철저하게 작업 시간표에 의해 노동을 분할하였다. 이 작업 시간표는 단순히 노동자들의 출근과 퇴근 시간 그리고 작업 시간을 알리는 수준을 넘어 매우 정교하게 재편된다. 노동자들은 주어진 작업 시간 안에서 최대한의 노동생산성을 뽑아내야 했다. 작업의 시작과 마침, 그리고 점심 시간이나 휴식 시간은 모두 사이렌 소리로 통보했다. 사이렌의 울림과 멈춤에 따라 노동자들의 신체는 움직였다. 마치 감옥의 통제 시스템과 다를 바 없었다.

1923년 11월호 『개벽』에 실린 유광렬의 「사람을 죽이는 기계성」은 그 대표적인 기사이다. 그는 공장의 기계 소리를 근대 계몽기 투의 유토피아로 받아들이지 않는다. 그는 공장의 기계 소리가 소음을 떠나 "조선 사람을 죽이"는 소리이며, "이 기계성이 날 때마다 피가 말라 들어가고 살이 깎여 들어"가게 만든다고 말한다. 유광렬에게 공장의 기계 소리는 '식민지 수탈'과 밀접하게 관련된 소리이지만, 한편으로 이 소리는 근대 자본주의 사회의 특징이기도 하다.

학교와 공장에서 사용되는 시간표와 수업종 소리 그리고 작업종 소리는 개인의 신체적 활동을 훈육하는 장치이다. 군대가 신체를 길들이는 곳이라면, 학교와 공장은 규율화된 신체를 길러 내는 곳이다. 일정하게 반복되는 소리의 리듬은 일종의 규율이다. 소설가 김남천의 「공장신문」과 이상의 「날개」 같은 작품에서 우리는 사이렌이 어떤 효과를 재생산하는지 알 수 있다.

① 공장에서 기적이 울었다. 관수는 궁둥이에 묻은 마른 풀잎을 털면서 벤또통을 들었다. 그리고 언덕 길을 걸어서 공장을 향하여 걸어갔다.(……) 드디어 열두시 기적이 울었다. 그리하여 열두시가 되도록 아무 일 없이 그러나 기미 나쁜 공기 속에서 직공들은 일을 하였다. 아무 소리도 없이 떨거덕떨거덕하며 직공들은 벤또를 가지러 갔다(「공장신문」, 『조선일보』, 1931).

② 이때 뚜—하고 싸이렌이 울었다. 사람들은 모두 네 활개를 펴고 닭처럼 푸드덕거리는 것 같고 온갖 유리와 강철과 대리석과 지폐와 잉크가 부글부글 끓고 수선을 떨고 하는 것 같은 찰나, 그야말로 현란을 극한 정오다(「날개」, 『조광』, 1936).

학생들은 수업종 소리로 수업의 시작과 끝을 안다. 공장 노동자들은 공장에서 울리는 기적 소리와 사이렌 소리를 듣고 공장으로 발걸음을 향한다. 공장에서 고막이 터질 듯이 요란하게 울리는 기계 소리에서 삶의 피곤함을 절실하게 느낀다.

그들의 작업은 기계음과 함께 가끔씩 울리는 기적 소리 혹은 사이렌에 의해 중단되거나 다시 시작된다. 공장에서 울리는 기적 소리는 작업을 알리는 소리이자 신체의 리듬을 관장하는 소리이다. 소리는 개인의 신체 활동을 규율하고 훈육하는 도구가 된다. 시작과 끝 사이에 기계적으로 움직이는 노동자들의 분절된 신체의 움직임은 기계의 소음과 어우러져 그 자체가 '기계'로 변한다. 공장 노동자들의 노동은 찰리 채플린의 영화 「모던 타임즈」에서 보여주는 바와 같이 단지 화폐를 반복 재생산하는 기계의 움직임과 다를 바 없었다. 그러기에 "사람의 신경을 토막토막 끊어 놓으려는 듯한 참담한 공장의 사이렌 소리"와 "우주라도 집어삼키려는 거대한 기계의 미묘한 율동"(임인식, 「모더니즘」, 『별건곤』, 1930.1) 앞에 노동자들의 삶은 허물어지고 만다.

　그렇지만 억압과 구속의 상징인 사이렌 소리가 아주 경쾌한 용법으로 전환한 경우도 있다. 물론 어떤 면에서는 '비장한 경쾌함'이라는 모순형용적 표현을 붙일 수밖에 없지만.

　일본 군국주의 파시즘이 일상을 삼켜버렸던 1938년, 개성에 위치한 송도중학교에서 한 사건이 발생했다. 이 사건은 일명 '사이렌 정신' 혹은 '송고(松高) 사이렌 사건'으로 명명된다. 일본은 황국신민화 정책의 일환으로 아침마다 궁성요배(宮城遙拜)를 강요했다. 각 학교는 매일 황성요배를 해야만 했다. 이 날도 어김없이 운동장에 도열해 있던 송도중학교 학생들은 일본군인 하나지마(花鳥) 중위와 교련 교관의 구령에 맞춰 고

개를 숙이고 궁성요배를 해야만 했다. 하나지마 중위의 '궁성요배'라는 구령이 떨어지자, 학생들은 머리를 숙인 채, 천천히 콧소리로 사이렌 소리를 흉내내듯 '우~우~우'하고 함성을 내뱉었다. 놀란 하나지마는 옆구리에 차고 있던 칼을 빼어들었다. 하나지마는 살기등등한 눈초리로 학생들을 쳐다보며 칼을 마구 휘두르면서 학생들에게 '우~' 소리를 내지 말 것을 경고했다. 그렇지만 학생들은 '우~'하는 소리를 결코 멈추지 않았다(『송도학원 90년사』, p.126).

학생들의 '우~'하는 소리는 일본에 대한 항거이자, 일본 천황의 신성성을 떨어트리는 행위였다. 그들의 '우~우~우~우' 소리가 거세질수록 일본 군국주의의 표상인 천황은 치욕을 맛보게 된다. 사이렌은 군국주의 파시즘이 일상을 전시체제로 만들기 위해 사용되었던 도구이다. 학생들은 전시상황의 표상인 사이렌 소리를 흉내 내고, 사이렌과 결합한 천황의 권위를 땅바닥에 내동댕이쳤다. 학생들은 사이렌 소리를 군국주의 파시즘의 주체를 역공하는 무기로 사용한 것이다.

한국의 예는 아니지만, 서구에서도 고전적인 의미의 '종소리'와 근대적인 의미의 '사이렌'이 사람들에게 어떻게 작용했는지에 관한 재미난 에피소드가 있다(알랭 코르뱅, 『시간, 욕망, 그리고 공포』, pp.219~223). 장소는 프랑스 노르망디 주변의 작은 마을이다. 이 마을 농부들은 중세 시대에 만들어진 수도원의 종소리에 맞춰 작업하는 관습을 갖고 있었다. 그런데 1944년 독일 군대가 그 종을 파괴하자, 사람들은 요란한 사이렌을 시청 지붕 위에 설치했다. 농민들은 사이렌이라는 근대를 상징하는 소리에 빨리 익숙해졌다. 한 부류의 마을 사람들은 매일 반복되는 사이렌 소리에 거북함을 느꼈고, 이에 예전처럼 종소리를 사용해 달라고 시의회에 요구했다. 시의회는 그들의 요구에 따라 다시 종을 설치하였다. 그러나 그들과 다른 부류의 사람들은 요란한 사이렌 소리에 집착했다. 청동 종소리의 둔중한 감동을 원하는 부류들은 근대성을 상징하는 고막을 찢을 듯한 사이렌 소리를 거부했고, 결국 마을은 두 파로 분열되어 유혈사태까지 일어났다. 이 마을 사람들은 서로의 주장을 관철시키기 위해 시청까지 찾아와 돌을 던지는 시위를 했다. 이러한 사실이 라디오 방송을 타고 프랑스 전역으로 알려지자, 그 마을 교회의 사제와 시장, 정치가는 마을 사람들을 중재하기 시작했다. 결론은 매일 정오가 되면 사이렌과 교회의 종을 동시에 울리게 한 것이다. 프랑스 한 농촌에서 일어난 이 에피소드는 '소리의 감각', 즉 청각이 어떤 방식으로 사회 구성원들에게 적용하는지, 그리고 그 감각이 인간을 어떤 방식으로 변모하게 만드는지를 잘 보여준다.

음악회, 계몽에서 유흥으로

1900년대 외국인 선교사들과 기독교 교인들이 음악회를 열었다. 대부분은 '자선 음악회'였다. 음악회는 기독교를 전파하는 수단이었고, 정부 대신들과 외국인들 간의 교제의 장으로 이용되었다. '고아원' 보조라는 인도주의적 명목도 동원되었고, 가난한 학생들의 학비를 보조하기 위한 수단으로, 문명개화의 목적으로도 음악회는 이용되었다. 한국에도 전통적인 음악이 존재했지만, 서구로부터 들어온 서양음악은 문명이라는 이름으로 그 존재 가치를 드높였다. 바이올린과 피아노 그리고 외국 성악곡과 찬송가는 한국 사람들의 일상에 서서히 다가섰다. 비록 낯선 악기와 리듬이었지만, 신기하게도 서구 열강의 '문화예술'을 알아야만 문명개화할 수 있다는 구호 아래 서양음악은 급속도로 퍼져나갔다. 청각까지 계몽의 대상이 된 것이다.

당시 한국의 전통음악인 궁중음악과 판소리, 잡가는 여전히 위력을 발휘하고 있었다. 기생들을 중심으로 한 전통음악은 대중들에게 적극적으로 다가갔다. 유성기 음반을 제작하기도 하고, 극장 공연도 활발하게 개최했다. 그렇지만 서구 음악을 선호하는 세대들이 등장하면서, 서구의 음악이야말로 근대적인 개념의 '예술'이라는 인식이 자리잡기 시작했다. 서구의 음악은 문명국의 음악, 그것도 근대의 예술이라는 휘장을 두르고 학생들과 교양인들의 마음을 사로잡기 시작했다.

20세기 초 많은 학생들이 유학길에 올랐다. 그들 대부분은 일본으로 향했고, 일본 유학생이 된 한국의 청년들은 철저하게 근대적 규율에 길들여진 인간으로 양성되었다. 타국에서 빡빡한 학교 시간표를 소화해야만 했던 유학생들은 정기적인 모임을 결성하였다. 『학지광』(1914.1)에는 당시 1913~1914년 무렵, 일본 유학생들이 결성한 <학우회> 송년회 모임의 풍경을 자세히 소개하고 있다. 망국의 설움을 안은 채 일본에서 공부하고 있던 그들은 송년회 모임에서, 민족의 앞날에 대해 일장 연설을 한 다음, 유학생 김찬영의 바이올린 연주로 분위기를 띄웠다. 바이올린 소리가 그들의 신고에 찬 유학생활을 그나마 위로하였다. 바이올린 연주가 그들의 힘겨운 타국살이를 위무하는 기제로 활용되었던 것이다. 그러나 유학생들에게 외국의 음악은 '장르'로서의 음악 그 이상의 가치를 지닌다. 서구의 음악을 배우는 것 자체가 바로 문명을 따라잡는 길이었기 때문이다.

이광수의 「무정」의 대미는 '자연재해(수해)-음악-연설-민족계몽'으로 장식된다. 삼랑진의 홍수로 기차가 멈춰 섰다. 「무정」의 주인공 형식, 영채, 선영, 병욱은 음악회를 열어 수재민들의 슬픔을 위로하고, 수입은 수재의연금으로 사용하려는 계획을 세운다. 장소는 기차역 대합실로 정한다. 먼저 병욱이 바이올린으로 '아이다'를 연주했다. 농촌 사람들은 바이올린을 알지는 못했지만, 바이올린에서 뿜어져 나오는 처연한 소리를 자신들의 처지와 동일시하면서 '눈물'을 흘린다. 영채는 찬미가를 부르고, 마지막으로 합창을 하며 약 한 시간의 짧은 음악회를 마친다. 음악회를 구경한 사람들은 모두 감동을 받아 수재 극복의 의지를 불태우지만 형식은 비관적이었다. 그에게 인간은 자연의 폭력 앞에 너무도 나약한 존재로 비춰진다.

임시 숙소인 여관으로 돌아온 형식은 영채, 선형, 병욱을 향해 핏대를 세우며 연설을 하기 시작한다. 자연의 재앙을 극복하기 위해서, 자연 앞에서 무기력하지 않기 위해서, 하루아침에 모든 삶의 터전을 잃어버리지 않기 위해서는 '교육'이 필요하다고. 그것도 과학 교육이 필요하다고 부르짖는다. 형식에게 자연의 폭력은 야만의 공포와 다를 바 없었다. 형식이 이렇게 비분강개하는 이유는, 수재를 당해 삶의 근거를 모조리 잃어버린 사람들이 대부분 농사를 짓는 농부들이라는 점이다. 자연에 의존하는 농사로는 부를 축적할 수 없고, 미래를 기약할 수 없으며, 부강한 나라를 만들 수 없다는 의식이 깔려 있었다. 농업만으로는 문명한 국가를 만들 수 없다는 것이 형식의 생각이었다. 그래서 형식은 근대적 교육의 중요성을 외쳤고, 그것의 실행이야말로 민족을 계몽하는 일이라고 여겼다. 삼랑진의 홍수 때문에 마련된 음악회를 통해 형식은 자연의 재앙 앞에 무기력한 민족이 처한 현실을 목도하고 계몽의 의지를 불태운다. 삼랑진의 자연 재해는 민족 수난을 은유적으로 표현한 것이나 마찬가지다.

　1920년대 이전에는 한국의 사회적·정치적 상황 때문에 대부분 기독교에서 주최하는 '자선 음악회'가 주축을 이루고 있었다. 이는 제1차 세계대전으로 인해 한국 사회가 준전시상태에 돌입하였고, 일본의 무단통치가 연을 　갔던 1910년내 우반 분위기와 무관하지 않다. 1920년대 이전 서구로부터 유입된 음악이 주로 계몽과 문명개화의 도구로 사용되었다면, 1920년대에 들어서 서구의 음악은 '예술' 그 자체로서 위치를 점유해 나갔다. 특히 1920년대 이후 몇몇의 젊은이들이 외국에서 돌아와 귀국 음악회를 개최하면서부터 본격화되었다. 1924년 나혜석은 근대 음악가들의 음악회를 관람하고 짧은 감상문을 썼다(「1년 만에 본 경성의 잡감」, 『개벽』, 1924.7).

음악회에는 피아니스트 김영환, 성악가 윤심덕과 한기주, 바이올리니스트 홍영후가 참가했다. 나혜석은 김영환과 윤심덕 그리고 홍영후의 공연을 혹평한다. '예술성'이 부족하다는 이유에서이다. 나혜석은 윤심덕의 노래는 성악이라기보다 '창가'라고 비꼬기까지 한다. 나혜석에게 '창가'는 '예술'이 아니고, 서양의 성악만이 '예술'로 받아들여졌던 것이다. 한기주의 노래만이 그래도 "예술적 기분이 충만"했다며 고평했다. 그러면서 마지막으로 작년보다 한국에 "음악이 더 보급"되는 것 같다며, "중학생 중에도 희끗희끗 바이올린 만돌린 끼고 가는 것을 보면 대단히 희망이 있어 보이고 기쁜 일"이라며 글을 맺는다.

나혜석이 본 희망이란 서양음악을 배우는 사람들이 늘어나는 데에서 나온다. 또한 1920년대 이후 음악은 '예술'이자 '취미'가 되었다. 그것도 고상한 취미이다. 지식인이라면 누구나 한 번쯤 빠져 볼만한 유행이 된 것이다.

'계몽의 도구로서의 음악'이 한 차례 한국을 휩쓸고 지나갔다면, 다시 '예술로서의 음악'이 등장했다. 유성기 레코드의 대중적 보급과 라디오 방송이 일반화되면서 서구의 음악은 유행처럼 번져 나갔다. 라디오 음악 방송에서도 서양음악가들의 음악은 인기를 끌었다. 대표적인 성악가로는 김문보, 정훈모, 현제명, 채선엽, 안보승 등이 있었고, 피아니스트로는 박경호, 김원복 등이, 바이올리니스트로는 계정식, 홍성유, 채동선 등이 유명하였다. 특히 계정식은 독일에서 10여 년 동안 음악 수업을 받고 일본 콜럼비아 레코드와 계약하여 앨범을 발매하였는데, 많은 사람들의 호응을 받았다(안테나생, 「라디오는 누가 제일 잘하나」, 『조광』, 1936.1).

서양음악이 고상한 취미로 당대를 풍미하며 서울의 거리 곳곳을 장악했다. 서양음악이 대중화되면서 그만큼 사회 문제도 만들어 냈다. 한 잡지사 기자가 비아냥거렸듯이 음악의 본질, 즉 기자가 생각하기에 '예술로서의 음악'은 점점 꼬리를 감추고, 젊은이들 사이에서 음악은 '여자를 꼬드기는' 수단으로 전락하였다. 음악가들은 예술인 척하면서 향락과 유흥의 도구로 음악을 이용하였다. 더욱이 돈푼깨나 있는 집에선 피아노를 칠 줄도 모르면서 피아노를 사놓고 행세하고 있었다(박연, 「현대 남녀 음악가에게 與 하노라」, 『별건곤』, 1927.3).

민족적 계몽이 탈각한 자리에 음악은 취미 생활이 되었다. 그 취미란 최첨단 유행에 동참하는, 지배적 유행에 편입하려는 욕망이었다. 피아노와 바이올린을 사들여 놓은 중산층 가정의 음악은 '단란한 가정'을 꾸미기 위한 소품에 불과했다. 나혜석처럼 '예술로서의 음악'을 감상하지 않더라도, 모던보이와 모던걸 같이 '향락의 수단'으로 음악을 이용하지 않더라도, "음악 소리에 잠을 깨이는 아침의 행복"을 맞이하려는 사람들도 늘어났다(이태준, 「음악과 가정」, 1934). 행복한 가정, 단란한 가정에는 음악이 있어야 했고, 그것이 '교양으로서의 음악'이든 '취미로서의 음악'이든 간에, 음악은 가정의 화목을 돈독하게 만드는 도구로 인식되기 시작했다.

피아노, 홈 스위트 홈

1927년 3월 어느 날. 『별건곤』에는 '노총각'이라는 필명으로 결혼에 실패한 사람들의 잡스런 수다가 게재되었다. 이 코너의 제목은 「결혼 실패가 열전」이다. 낭만적 사랑과 결혼을 꿈꿨다가 실패한 사람의 이야기부터 무식하지만 돈 많은 사람이 자신의 콤플렉스를 극복하기 위해 신여성과 결혼했으나 결국 파경에 이르렀다는 이야기까지 참으로 결혼 실패에 관한 얘기가 다채롭다. 무엇보다 재미난 내용은 예나 지금이나 변함없는 결혼 준비물에 관한 이야기다. '노총각'은 이렇게 말한다. "피아노, 양옥집, 자동차. 이것을 구비하였거든 어느 처녀(?)가 그의 위인이나 인격을 돌아볼 새가 있으랴."

대다수 현대인이 희망하는 재산 목록 1호가 번듯한 자기 집과 자동차라는 사실은 어제오늘에 알려진 일이 아니다. 열쇠 몇 개를 얻기 위해 열심히 공부하는 사람들이 있는 오늘날 실정이나 80년 전의 실정이 크게 다르게 느껴지지는 않는다. 좋은 아파트 혹은 고급 빌라와 세단을 장만한 사람들은 무엇을 더 원할까? 여러 가지가 있겠지만, 80년 전 한 노총각은 '피아노'를 꼽았다. 80년 전 피아노는 지금과 같이 그리 흔한 물건이 아니었다. 더구나 피아노가 주는 이미지는 최첨단 '모던' 생활을 영위하고 있음을 반증하는 것이었다.

피아노가 필요하다는 '노총각'의 고백에서 80년 전 한국 사회가 얼마나 물신화되었는지를 짐작할 수 있다. 근대 교육을 받은 신여성과 피아노. 이 둘이 공조하여 주는 매력을 자칭 '모던보이'라는 사람들은 쉽게 떨쳐내지 못했다. 게다가 "신(神)과 바이올린은 늙을수록 값이 나간다. 그러나 여자와 피아노는 새것일수록 더 귀하다."는 웃지 못할 농담까지 등장한다 (홍난파, 「음악실 단상」, 『조광』, 1935.12). 한국에서 피아노의 역할은 음악 그 자체의 매력보다는 다른 사람과 나를 구별하는 계층적 혹은 계급적 우위의 표상이었던 셈이다.

「피아노의 울림」(동원, 1920)은 1920년대 한국에서 피아노가 어떠한 효과를 창출했는지 잘 보여준다. 「피아노의 울림」에서 여주인공 박마리아는 당대의 유명한 지식인 청년 홍순모의 청혼을 거절한다. 이유는 그가 첩의 자식이라는데 있었다. 홍순모는 실연의 상처를 안고 미술공부를 위해 이탈리아로 떠난다. 그가 떠난 후 박마리아는 부호의 아들 김인환과 약혼을 한다. 김인환도 첩의 자식이기는 마찬가지지만, 그에게는 돈이 있었다. 그런데 김인환과 박마리아를 연결해 주는 매개체가 바로 '피아노'이다.

김인환은 자신의 이복여동생의 피아노 교사로 박마리아를 선택한다. 피아노 교사가 된 박마리아를 감동시킨 것은 김인

49

환의 피아노에 대한 감각이었다. 피아노 건반의 일부가 고장나 소리가 이상하게 나오는 것을 감지한 김인환이 박마리아에게 새로운 피아노를 사 주겠노라고, 그리고 언제든지 시간이 나면 자신의 집에 와서 그 피아노를 치라고 한다. 더욱이 피아노만을 칠 수 있는 공간을 만들어 주겠다고 유혹한다. "독일 험부르히의 침메르만 공장에서 제조한" 피아노가 김인환의 집에 들어오자 박마리아는 그 피아노가 제일 좋은 것이라며 감탄하게 되고, 결국 그녀는 김인환과 약혼한다. 신여성과 피아노와 자본이 교묘하게 결합한 사례이다. 피아노가 그 어떤 연애편지보다 더 애절한 구애의 감정을 표출하는 수단으로 이용된 것이다.

박마리아에게 피아노는 연애편지이자 자신이 상상한 단란한 가정을 꾸밀 수 있는 매개체였다. 여기에서 피아노 소리와 연애편지의 관계를 생각해 볼 필요가 있다. 사랑하는 사람으로부터 받은 연애편지는 엄밀한 의미에서 공개된 '소리'의 세계가 아니다. 그것은 내밀한 영역이다. 연애편지는 혼자 방안에서 혹은 다른 사람이 없는 곳에서 몰래 '묵독'한다. 그 묵독에는 '금지'의 규율이 존재한다. 그런 반면에 피아노 소리는 공개적 구혼의 은유적 표현으로 이용된다. 앞에서 서술한 노총각의 말처럼 피아노와 양옥집 그리고 자동차는 단란한 가정, 즉 '스위트 홈'을 꿈꿨던 많은 사람들에게 환영으로 작용한다.

현진건의 「피아노」(『개벽』, 1922.11)는 이러한 시대적 상황을 매우 역설적으로 드러낸다. 「피아노」의 주인공 그가 꿈꾸는 것은 구습을 벗어나 신식 결혼식을 올리는 것이었다. 그 대상은 역시 신여성이다. 그리고 그녀와 함께 "가정의 단란"에 빠지고 싶었다. 전처가 죽자 그는 중등교육을 마친 어여쁜 처녀와 신식 결혼을 한다. 그들은 구습에 젖은 시골을 벗어나 서울로 상경한다. 그곳에서 그들만의 "이상적 가정"을 꾸밀 수 있는 양옥집을 장만한다.

그들은 서양식 소파와 테이블로 응접실을 꾸미고, 침실을 만들고, 서재를 들이고, 주방과 세간도 모두 위생을 생각해서 서양식으로 택했다. 더욱이 거실에는 그릇장을 따로 만들어 인테리어 효과를 살렸다. 그와 그녀는 한국풍의 세간은 철저하게 배제한다. 위생에 해롭다는 이유에서이다. 돈 많은 그와 그녀는 별 할 일도 없이 매일 책을 읽고, 서로의 정담을 나누고, 정원을 거닐고, 애정을 돈독하게 하기 위해 키스를 하며 하루하루를 소일한다.

남들과 다른 자신들만의 공간을 구축한 그와 그녀는 철저하게 근대 자본주의에 복무하는 인간들이다. 자신들이 만들어 놓은 이상적 가정이라는 환영에 빠진 사람들은 자신들의 사적인 공간을 만들고 그곳에서 근대의 물질세계가 주는 마술적이고 환상적인 세계를 즐기고 싶었던 것이다. 그들이 화려하게 꾸며 놓은 응접실은 근대 세계의 축소판이자 화려한 소비문화의 아성인 백화점을 연상하게 한다.

그들은 더욱더 "이상적인 가정에 필요한 물품을 사들"이는

데 골몰한다. 트럼프도 준비하고 손톱깎이도 마련했다. 정원을 만들어 산책을 즐기고, 서재에서 책도 읽었다. 그러나 그녀에게는 한 가지 부족한 무언가가 있었다. 그들이 생각하는 이상적인 가정을 꾸미기 위해, 며칠을 골몰한 끝에 그녀는 드디어 부족한 게 무언지 생각해 냈다. 바로 '피아노'였다.

그들은 피아노가 줄 행복에 대해서 의심하지 않았다. 그는 아내의 하얗고 뽀얀 손이 피아노 건반에서 미끄러질 때의 기쁨을 상상하였다. 피아노를 갖고 싶다고 아내가 말하자 두 시간도 못되어 피아노가 그들의 거실에 들어와 마치 왕비와 같이 군림한다. 남편은 아내에게 빨리 피아노를 쳐보라고 한다. 아내의 얼굴은 점점 붉게 변하였다. 아내는 피아노를 칠 줄 몰랐기 때문이다. 남편 역시 그랬다. 그럼에도 그 둘은 아무렇게나 피아노를 퉁퉁 치며 즐거워한다. 그들에게 피아노는 악기가 아니다. 그들에게 피아노는 자신들의 욕망, 단란한 가정, 스위트 홈, 이상적인 근대 가정을 꾸미기 위한 일종의 소품이었다. 한때 우리들의 가정에 잘 사용하지도 않는 커다란 오디오가 군림했던 것과 마찬가지로.

음악을 모르는 사람들에게는 일종의 인테리어 소품에 지나지 않았지만, 유성기 음반을 통해 클래식이 대중화되면서 피아노 연주는 그 어떤 예술 작품보다 각광을 받았다. 서울에 위치한 백화점에는 음반 코너가 마련되어 있었다. 1937년 4월 『조광』에 실린 「백화점 풍경」이라는 기사를 보면, '시보레' 자동차를 몰고 온 젊은 부부의 백화점 나들이를 관찰할 수 있다.

외제 승용차를 타고 온 그들은 외국 여배우 같이 어여쁜 두 명의 딸을 동반했다. 부부는 "그랜드 피아노가 흑요석 같이 빛나"는 음반 코너에서 앨범을 고르고 있었다. 그들이 고른 음반은 슈베르트의 '소야곡'이다. 기자는 그들을 따라서 이동하다 음반 코너에서 들리는 슈베르트의 음악을 "고막을 울리는 아름다운 회화"라며 감탄한다. 기자는 음악에서 그림을 발견한다. 청각이 시각과 겹쳐지는 오묘한 감각의 충격. 피아노 건반에서 손가락이 미끄러질 때마다 그 소리는 사람들의 마음을 빼앗았다. 피아노 소리가 주는 매력은 고상한 취미와 더불어 이국적 정취를 자아냈다.

그러나 언제나 그렇듯이 이런 풍경을 곱지 않은 시선으로 바라보는 사람들도 존재했다. 특히 1920년대 후반 한국 사회에 만연한 '모더니즘' 열풍이 그렇다. 일군의 지식인들은 모더니즘이 물질적이고 쾌락적인 곳으로만 흐르고 있다며 비판의 목청을 높였다. '모던보이', '모던걸'이라 자칭하는 사람들의 행태, 그들의 소비 풍조, 감정과 쾌락을 소비하는 이들에 대한 질타는 매우 직설적이었다. 최학송은 「데카당의 상징」(『별건곤』, 1927.12)에서 신세대들에 대한 불편한 심기를 노골적으로 드러낸다. "요새 모던걸이나 모던보이 모양으로 덮어놓고 화사(華奢)에 들뜨고, 바이올린, 피아노나 치고 앉아서 연애자유나 부르고 걸핏하면 정사, 그렇지 않으면 실연병에 술이나 마시고 다니는 것은 세기말적인 퇴폐 기분을 단적으로 나타내는 것이다. 나는 여기서도 쓰러져 가는 이 세상의 잔해(殘骸)를 역력히 보고 있다."

　　최학송이 보기에 모던보이와 모던걸의 행동은 쾌락과 향락을 좇아 달려드는 부나방 같았다. 그들의 막나가는 행동에 분을 참지 못한 사람들은 모던보이와 모던걸을 '불량 소년'과 '불량 소녀'라고 말하는가 하면, '못된 뽀이', '못된 껄'이라고 비하하기도 했다. 이유야 어찌 되었든 간에, 1920년대 후반에 불기 시작한 한국의 '모던' 열풍, 그 속에 피아노가 있었고, 피아노는 물신화의 상징이자 감각을 소비하고 성적 쾌락에 이용되는 도구로서 자리하고 있었음을 부인할 수 없다.

복제되는 소리, 전기 테크놀로지의 마력

유성기와 카페 그리고 약장수

일명 '말하는 기계'로 불렸던 유성기가 한국에 들어온 것은 19세기 후반 무렵이다. 1899년 3월 3일자 『황성신문』에는 유성기 음반 판매 광고가 실려있다. 이 광고는 유성기가 일종의 '극장'과 같은 효과를 연출한다며 그 효능을 부각했다.

고종이 내외국 귀빈들을 초대한 파티와 고관대작들의 연회에서 자주 사용되었던 유성기가 대중들의 가슴속으로 파고든 것은 레코드의 일반적인 보급과 맞물려 있다. 1907년 일미축음기제조회사(日米蓄音器製造會社)가 설립되고, 1910년대에 들어서는 회사를 더욱 확장하여 일본축음기상회로 회사명을 바꿨다. 1928년 일본 콜롬비아로 개칭될 때까지 이 회사는 많은 양의 유성기 음반을 제작 판매했다.

서양의 파티문화를 본뜬 가든파티가 한국에도 상륙한다. 돈 있는 화류계 인사들과 고관대작들은 연일 유성기에서 흘러나오는 노래 소리에 맞춰 자신들의 성적 욕구를 배설하기에 바빴다. 유성기 레코드가 기생의 창을 대신했다. 1920년대 후반에 들어서면 사람들은 유성기 음반에 몸을 맡기고 흐느적거리는 춤을 추기 시작했다. 무도장이 암암리에 늘어났고, 사교댄스를 추는 사람들은 에로틱한 분위기를 발산하며 음악을 즐겼다.

근대 상업자본주의는 유성기를 문화적 가정에 꼭 필요한 도구인 것처럼 선전하기도 했지만, 그 문화란 성적 쾌락에 맞춰진 것이었다. 유성기 레코드판에서 흘러나오는 유행가는 순수하게(?) 음악을 공부하는 사람들로부터 상업주의로 비판받기도 했다. 홍난파는 "길거리나 가게 앞에서 소란스럽게 울려나오는 레코드의 부르짖는 소리는 '내 소리판 한 장 사주시오' 하는 애원하는 소리가 아니고 무엇이냐"며 불편한 심기를 내비친다(홍난파, 「음악실 단상」, 『조광』, 1935.12). 더욱이 김기림은 음악에 심취한 대중들을 "악기점에서 흘러나오는 '레코드'의 '왈츠'에 얼빠져" 있는 "불건전한 몽유병자의 무리들"이라고 비판하기도 한다(「도시풍경 1·2」, 1931).

우후죽순처럼 생겨난 다방과 카페는 모더니스트들의 결집소이자 유성기 문화가 그 힘을 격렬하게 발산하는 공간이었다. 다방은 백화점과 더불어 근대 도시 문화의 실체를 파악하는 바로미터 중 하나이다. 근대 도시를 사는 사람들의 인간관계는 우연성, 즉 거리에서의 우연한 만남으로 조성된다. 도시인들의 인간관계는 기차 역 대합실에서 낯선 사람들과의 만남, 혹은 서로 모르는 사람과 마주 보면서 몇 시간을 보내야 하는 기차 속에서 형성되기도 한다. 버스도 마찬가지다. 다방 또한 이러한 우연한 만남이 이루어지는 장소이다. 다방은 "십오전짜리 차 한 잔 시켜 놓고 센치한 레코드에 취하여 멀거니 앉아 있는 놈들"로 부쩍거리기도 했다(최영수, 「장소가 씌우는 일기」, 『사해공론』, 1936.11).

그렇지만 다방은 다른 공간과는 다르게, 근대 도시의 기호품들을 '소비'하면서 새로운 인간관계를 조성한다. 지식인들이 다방과 끽다점(喫茶店)으로 향했다면 모던보이들과 모던걸들은 카페와 바(Bar)로 발길을 옮겼다. 다방과 카페에서는 최신 유행가가 흘러나오고, 때로는 잔잔하고 분위기 있는 클래식 음악을 비롯한 서양음악이 흘러나와 사람들을 유혹한다. "애달픈 기타 소리와 한탄하는 섹스폰 소리에 이끌려" 카페에 들어가면 "암사슴같이 발육이 매우 양호한 계집들이 붉은 빛 파랑 빛 자주 빛 비단에 감겨 금붕어처럼 헤엄쳐 다니는" 웨이트리스의 유혹이 기다린다. 그들은 "긴 허리, 미끈한 손길, 분 냄새, 루즈, 웃음소리, 화끈한 입김, 미지근한 체온"을 발산하고, 그곳에서 뿜어져 나오는 "시각, 후각, 촉각들의 교향악 속에" 대중들은 "침몰해서 질식"한다(김기림, 「밤거리에서 집은 우울」, 『신동아』, 1933.4).

다방에서 마시는 커피를 비롯한 낯선 차와 음료 그리고 카페 여급의 섹시한 옷매무새는 남성들에게 성적 자극을 준다. 1930년대 서울의 도심을 활보하고 다니거나 특정한 직업에 종사한 많은 여성들은 언제나 '성적 자극'의 대상으로 굴절되어 표현된다. 카페 여급, 버스 걸, 전화 교환수, 티켓 걸, 데파트 걸(백화점 여점원) 등, 근대에 새롭게 등장한 직업여성들의 신체는 매번 남성들에게 보여지고 만져진다. 그리고 그것은 에로티즘과 연결되어 남성들의 쾌락을 자극한다. 남성들은 이런 여성들을 곱지 않은 시선으로 보면서도 그들의 모습을 즐기는 이중적인 자세를 취한다.

『삼천리』(1934.9.1)에 실린 김성마의 「정조와 직업여성」에서, 필자는 버스 걸을 말하면서, 콧소리를 내며 '오라잇', '스톱'을 외치는 여승무원들의 목소리가 매우 매력적이며, 수밀도처럼 잘 익은 볼이 보기 좋다고 했다. 더욱이 그녀들은 5전만 내면 함께 '드라이브'를 할 수 있는 '값싼' 처녀들이라고 말한 뒤, "그러나 그대들이여! 여자로서 가장 귀한 정조는 고가(高價)"의 물질이 아니라고 어설픈 충고를 아끼지 않는다. 이처럼 버스 여승무원은 남성들에게 시각적, 청각적 서비스, 즉 성적 서비스를 제공하는 직업으로 그려지고 있다. 이는 버스 여승무원뿐만 아니다. 1930년대 신여성들을 바라보는 남성들의 시선은 매번 왜곡된 섹슈얼리티의 그물에서 자유롭지 못했다. 1930년대 직업여성에 대한 남성들의 시선은 '관음증'의 욕망으로 얼룩져 있었다.

유성기의 보급과 함께 최신 유행가가 다방을 비롯한 각종 유흥업소에서 흘러 나왔다면, 이에 못지 않게 유성기 음반을 통한 '극영화'가 장안의 사람들 마음을 사로잡았다. 라디오가 대중적 인기를 끌지 못했고, 유성영화가 아직 등장하지 않은 1920년대 후반, 유성기 음반에 의한 극영화는 대단한 인기몰이를 했다. 무성영화 역시 변사의 능력에 따라 홍행이 좌지우지되는 경향을 보였다. 당시의 유성기 음반극은 영화를 원작으로 했으며, 소리 매체를 적극적으로 활용했다. 음반극 속에는 변사의 목소리를 비롯한 각종 음악들이 수록되어 마치 영화관에서 영화를 관람하는 듯한 착각을 불러일으키게 만들었다.

1927년 『별건곤』 3월호에는 「극장만담」이라는 기사가 게재되었는데, 이 기사는 당시 영화관 풍경을 실감나게 보여준다. 요즘 영화관은 예전에 비해 관객들의 소란스러움이 좀 덜하다는 것, 여자 관객들 수가 많이 증가했는데, 특히 이제 막 성에 눈을 뜬 여학생들이 관람객의 절반 정도라는 것, 더욱 더 놀랄 일은 영화 속에서 주인공들이 키스하는 장면에는 반드시 여자 관람석에서 질식할 듯한 외마디 소리가 나온다는 것이다.

기자는 이런 영화관 풍경 외에도 영화관 시설과 상영 방식에 대해서도 이야기한다. 그 중심은 스크린과 음악 그리고 변사에 대한 내용이다. 기자는 단성사의 스크린이 예전보다 더

좋아졌다고 말한 다음, 음악은 예전과 별반 다른 게 없고, 변사의 어투 또한 '하다' 체를 쓰는 경우가 있는데, 어른들이 듣기에 좀 버릇없어 보인다고 충고한다. 이 기사의 내용을 종합해 보면, 관객들에게 극장 체험을 좌우하는 3요소는 스크린(영상), 음악, 변사임을 알 수 있다.

유성영화가 전반적으로 보급되지 않은 상황에서, 무성영화를 원작으로 한 유성기 음반 극영화는 소리의 매체를 적극 활용하여 청취자들에게 극장 체험의 대리만족을 제공한다. 유성기 음반의 극영화는 음악과 변사의 목소리를 매개로 해서 관객들이 마치 영화관에서 영화를 관람하는 듯한 감동을 고스란히 전하고 있었다.

유성기는 도시 문화 일반에만 영향력을 행사한 것은 아니다. 1920년대 이후 약장수나 서커스 공연에서 나팔과 유성기가 활용되어 사람들을 모았다. 1935년 『동아일보』에 실린 송석하의 「농촌오락 조장에 대해서」라는 기사는 이러한 사정을 잘 알려준다. "유성기는 점차로 대중성을 띠고 가두로 나서게 되어 매약(賣藥) 행상인의 선전 도구로, 오입쟁이 풍류 도구로, 손님 소실(小室)의 화초(花草) 도구로 퍼지게 되었으며, 시골 농촌민도 오일에 한 차례씩 개최되는 장날에 아무 할 일 없이 다만 유성기를 들으러 가는 현상도 나타난다.(……) 농촌 청년 중 기름진 땅을 버린 채 호화를 꿈꾸고 출향(出鄕)해서는 한 달이 못 가서 방황하는 사람이 몇 천 몇 만이 된다."

상류 부르주아 층에서 향락의 도구로 사용되던 유성기가

농촌까지 그 힘을 넓혔다. 음악에 대한 당시 사람들의 인식은 음악을 예술의 한 장르로서 인식하기보다는 오락과 향응의 도구로 받아들인 측면이 강했다. 김동인의 단편 「음악공부」(1921)의 주인공과 그의 아버지의 모습에서 그런 태도를 읽을 수 있다.

「음악공부」의 주인공은 학교 졸업 후에도 음악공부를 계속하고자 다짐한다. 그 이유는 "슬픈 때에도 음악을 들으면 그 슬픔이" 조금은 덜해지기 때문이었다. 그는 시골로 돌아와 농사를 지으라는 아버지의 권고에도 불구하고, 음악공부를 포기할 수 없었다. 그래서 그는 음악공부가 하찮은 것이 아닌 대단한 학문임을 주장하는 장문의 편지를 아버지에게 보낸다. 아버지로부터 자신의 음악공부가 인정받지 못할까 조마조마했던 주인공은 뜻밖의 편지를 받는다. 그 내용은 이렇다. "음악은 좋은 것이다. 이즈음 약장사들이 유성기라는 것을 가지고 음악을 하는데 참 좋더라.(……) 그러나 너 혼자 배우면 무얼하니 나와 너의 어머니 형 아우 누이 모두 배우면 더욱 좋을 터이니, 내 어느 신문광고를 보니 유성기 한 개에 8원이라 하였기에 8원 동봉해 보내니 꼭 잊지 말고 사 가지고 하루바삐 돌아와서 모두 음악을 배우자."

주인공의 아버지에게 음악이란 학문이나 예술로 인지되기보다는 유성기로 표상되는 일종의 '풍속'이다. 유성기가 대변하는 음악 소리는 '감정을 소비'하고 '가산을 탕진'하게 만드는 향락의 도구로 탈바꿈했지만, 그것이 주는 매력을 거부할 수 없었던 것이다.

「음악공부」의 주인공 아버지가 음악공부를 허락한 것은 음악에 대한 식견이 있어서가 아니라 유성기에서 흘러나오는 음악이 일종의 유흥거리로 안성맞춤이기 때문이었다. 또한 주인공이 음악공부를 하겠다는 이유도 슬픈 감성을 달래주는 위안의 도구 이상의 의미를 넘어서지 못한다. 유성기 소리는 일종의 '패션으로서의 소리'이자 '고독을 위무하는 소리' 그리고 '자본을 소비하는 소리'일 뿐이다. 이처럼 피아노, 유성기 등은 계몽의 장을 넘어 소비를 조장하는 소리, 즉 자본의 메커니즘에 길들여진 감정을 사로잡고 배설하는 도구로서 사용되었다.

그렇다고 쾌락을 지향하는 욕망을 부정적으로만 바라볼 수 없다. 음악이 쾌락과 향락의 도구로도 사용되지만, 어떤 면에서는 일상의 제도와 규율의 강한 고리를 끊고 탈주하게 만드는 힘을 보유하고 있다. 학교나 공장에서 발산되는 '소리'가 개인의 신체적 활동을 훈육하여 기계적 신체를 생산해내며, 더 나아가 그것이 습속이 되어 신체를 움직이는 기계적 무의식을 생산해 낸다면, 음악은 그러한 규율적 신체의 움직임을 파괴하는데도 활용된다. 이처럼 음악이 어떤 용법으로 활용되느냐에 따라서 그 효과는 다르게 나타난다. 군가나 행진곡은 신체를 길들이는 음악이지만, 락이나 재즈는 사회적 제도와 규율에 대한 저항의 도구로 사용되기 때문이다.

이태준의 「아담의 후예」(1933)는 바로 그러한 예이다. 이

작품은 억압적이고 규율적인 사회적 제도로부터 탈주하는데 있어 음악이 어떠한 역할을 하는지 잘 보여준다. 주인공 안영감은 매일 선착장에서 울리는 기적 소리에 귀를 기울인다. 돈벌이 때문에 고향을 떠난 딸자식이 혹시나 자신을 찾아 돌아올까 해서다. 배에서 울리는 '뚜~'하는 기적 소리는 안영감에게 이별의 정한을 알리는 소리이자 만남을 갈구하는 소리이다. 딸이 떠난 고향집에서 홀로 쓸쓸히 지내는 안영감에게 즐거운 일이 있다면 낚시 구경과 말광대 구경, 즉 서커스가 전부이다. 특히 서커스단의 천막에서 애처롭게 울리는, 곡명을 알수 없는 음악을 들을 때 안영감은 더없이 만족해 한다.

딸은 돌아오지 않고, 더 이상 의지할 곳이 없자, 안영감은 자선사업을 하는 B부인의 양로원에 들어가기로 마음먹는다. 소문에 의하면 그곳에 들어가면 먹고 자는 것이 모두 공짜이기 때문에 안영감은 속으로 팔자를 고친다고 생각했다. 그러나 막상 양로원에 들어가자 지켜야 할 규칙들이 너무 많았다. 기상 시간과 취침 시간을 정확히 지켜야 하고, 방과 마당을 매일 청소해야 하고, 매일 이를 닦아야 하고, 개인의 위생을 철저히 해야 하고, 담배를 피거나 술을 마셔서는 안되고, 일주일에 한 번씩 교회에 가는 것 이외에는 외출을 할 수 없고, 과일이나 꽃나무에 손을 대서는 안되고, 틈틈이 성경책을 읽어야 하는 등, 무수한 규칙들이 안영감을 괴롭혔다.

서양 선교사 B부인의 양로원 규칙은 일종의 근대적 규율, 즉 자기 스스로를 통제하게 만드는 시스템이다. 이는 근대 계몽기 서양 선교사들이 사용했던 '야만인'을 '문명인'으로 개조하는 메커니즘과 똑같다. 양로원의 규칙이 중세 수도원이나 군대의 규율과 다를 바 없는 것이다. 안영감은 팔자를 고치기는커녕 수십 년 동안 몸에 배인 자신의 습속을 하루아침에 고쳐야 하는 상황, 그리고 아무런 즐거움도 없이 그저 성경책이나 읽고 청소나 하며 '경건'하게 지내는 양로원의 일상에 진절머리 친다.

그러던 어느 날, 가을밤이 깊어 가던 고즈넉한 저녁이었다. 안영감은 잠자리에 누웠다가 어디선가 들려오는 희미한 음악 소리에 정신을 차린다. 마당으로 나와 보니, "불 밝은 거리에서 멀리 흘러오는 처량한 듯한 음악 소리는 언제나 한때 귀에 배었던 말광대 노는 소리가 틀리지 않았다. 안영감은 저도 모르게 어깨가 으쓱하였다. '저기를 못 가나? 체! 나갔다가 다시 안 오면 그만이지, 누구를 어쩔테야.' 초가을이라 하여 밤 옷깃을 치는 바람이, 더구나 늙은 품에는 얼음쪽 같이 찬 것이었으나 안영감은 흘러오는 곡마단 음악 소리에 신이 나는 듯, 낮지 않은 B부인의 집 담장을 그리 힘들이지 않고 뛰어 넘었다." 안영감을 철저한 기독교적 규율의 세계에서 벗어나게 한 것은 다름 아닌 서커스 곡마단의 음악 소리다. 안영감에게 곡마단의 음악 소리는 단순한 유흥의 도구가 아니라 양로원의 억압적 규율을 허무는 무기가 된다. 그에게 있어 음악은 제도의 규율을 뛰어넘는 위력적인 무기로 탈바꿈하는 것이다.

재즈, 댄스, 에로틱

유성기 레코드의 대중적 보급과 라디오 방송은 일상을 더욱 역동적으로 만들었다. 레코드의 보급과 함께 한국에는 '춤바람'이 일기 시작했다. 오석천은 「모더니즘 희론」(『신민』, 1931.6)에서 모더니즘의 기본 구성원리는 '모던보이'와 '모던걸'이며 그 양식은 재즈, 댄스, 스피드, 스포츠이고, 그 표현은 에로틱(에로)과 그로테스크(그로) 그리고 넌센스라고 말했다. 또한 김기림은 「미스코리아여 단발하시오」(『동광』, 1932.8)에서 근대를 스포츠, 스피드, 센스의 3S 시대라고 말했다. 1980년대 들어서는 3S를 스포츠, 섹스, 스크린으로 풀이하기도 했다.

1930년대 이후 한국은 '속도광'의 시대로 접어들었다. 자동차와 오토바이의 소리는 더 이상 문명의 소리가 아닌 '도시의 소음'으로 전락했다. 지금도 폭주족들이 거리를 활보하며 경찰들과 숨바꼭질을 하듯이 이때에도 자동차와 오토바이 폭주족들이 도시의 밤거리를 점령하고 있었다. 1930년대 자동차와 오토바이에서 뿜어져 나오는 '스피드'는 곧 성적 결합의 '속도'와 동일한 의미로 해석되었다. 모던보이와 모던걸은 현재 시점에서 보면 비행청소년과 다를 바 없었다. 그리고 그들에게는 언제나 음란, 폭력의 이미지가 덧씌워졌다.

재즈와 댄스도 마찬가지였다. 미국에서 생겨난 재즈가 동시에 한국에도 상륙했다. 당시 미국에서 스윙 재즈는 헐리우드 유성영화와 결합하여 대중적 인기몰이를 하고 있었다(성기완,

「재즈를 찾아서」, 1996). 1930년대 미국에서 상업적으로 가장 성공한 스윙 재즈가 한국에도 같은 시기에 입성했다. 사람들은 스윙 재즈에 열광했고, 서울의 밤거리를 지배해 가기 시작했다. 1930년대 한국은 "술 취한 '재즈'가 '카페' 유리창의 자줏빛 휘장을 헤치고 거리로 향하여 범람했다."(김기림, 「도시풍경 1·2」, 1931).

그렇지만 한국에서 재즈와 댄스는 매번 에로틱과 섹스의 이미지로부터 자유롭지 못했다. 귤이 회수를 건너니 탱자가 된 격이다. 1937년 1월 예술계 및 화류계에 종사하는 사람들이 서울에 댄스홀을 허가해 달라며 총독부 경무국장에게 탄원서를 제출한다(「서울에 댄스홀을 허하라」, 『삼천리』, 1937.1). 경무국장에게 댄스홀을 허락해 달라고 탄원서를 보낸 사람들의 명단을 보면 매우 이채롭다. 대일본 레코드 회사 문예부장 이서구, 끽다점 <비너스> 마담 복혜숙, 조선권번 기생 오은희, 한성권번 기생 최옥진, 종로권번 기생 박금도, 바(Bar) <멕시코> 여급 김은희, 영화배우 오도실, 동양극장 여배우 최선화. 지금의 표현으로 바꾸자면, 다방, 바, 단란주점, 음반회사 부장, 영화배우 등이다.

이들의 주장은 댄스가 건전한 사교에 도움이 된다는 내용이다. 속칭 '춤바람'으로 패가망신한 사람들과 댄스로 인해 타락한 사람들은 일부에 지나지 않는다는 주장이다. 만약 댄스홀을 허가한다면 이는 '건전한' 스포츠의 하나로 자리를 차지할 것이며, 외국인들과의 사교에도 도움을 준다는 것이다. 게

다가 일본에서는 댄스를 여자사범학교에서 체육댄스 혹은 사교댄스라 이름하여 가르치고 있으니, 한국에서도 당연히 그 전례를 따라야 한다고 말한다. 그렇지 않고 댄스홀을 정식으로 허가하지 않는다면 오히려 퇴폐 업소가 증가하여 가정을 파탄에 이르게 하니 "명랑하고 점잖은 사교 댄스홀"을 육성하는 게 바람직하다며, 자신들의 주장을 조목조목 경무국장에게 탄원했다. 그런데 아이로니컬하게도 이 시기는 전시체제였다. 1931년 만주사변과 1937년 중일전쟁이 연이어 터지자 한국은 전시체제에 돌입했다. 비록 전시체제였지만, 그렇다고 도시의 모든 군중들의 욕망이 전장으로 투사되는 것은 아니었다. 전쟁은 전쟁이고, 사회의 기층에서 유동하는 개인의 욕망은 욕망인 것이다.

이들이 비록 사교 댄스의 긍정적 측면을 부각했지만, 이런 의견이 모든 사람들을 납득시키지는 못했다. 어떤 사람은 "카페 '바론'의 하룻밤. 축음기에서 재즈가 황소 소리같이 흘러나온다. 웨이트리스의 어깨가 씰룩씰룩, 엉덩이가 꿈틀꿈틀. 전기 장치해 놓은 인형과 같이 보기 싫은 육혼(肉魂)의 율동이 이곳 저곳에서 벌어진다"며 재즈와 재즈 댄스를 비판한다(「모던 복덕방」, 『별건곤』, 1930.1).

한 걸음 더 나아가 오석천은 「모더니즘 희론」에서 재즈 댄스를 더욱 날카롭게 공격한다. "재즈 댄스. 이것의 원산지는 '양키-국'이다.(……) 그들의 댄싱 제스추어를 보라. 가급적이면 상체(흉부)를 뒤로 젖히고 하체(복부)를 앞으로 내밀지 않는

가. 그렇지 않으면 상하체의 밀착이다. 이 얼마나 공연한 음란스런 자태냐, 이것이 에로의 백퍼센트적 발산이란다. 그러한 자세로 막 틀고 함부로 뛴다. 그런 나머지에는…? 그들은 헤매다가 거닐다가 취하다가 춤추다가 그리고는 몽롱호텔로! 사라진다. 스피드, 기차, 자동차, 비행기. 이것은 에로 그로의 발산장소를 이동하며 변환하는 기관이다. 타서 시작하고 내려서 마친다."

스윙 재즈와 스윙 댄스가 발산하는 역동적이고 격렬한, 고정된 형식에 얽매이지 않는 자유분방함에 사람들은 녹아들었다. 그러나 재즈의 빠른 템포는 결국 자본주의의 속도, 현대를 살아가는 사람들의 빠른 일상의 박자와 교묘하게 맞아떨어진다. 재즈에 몸을 의지해서 동물적 춤사위를 본능적으로 방사하는 젊은이들의 모습에서 지식인들은 퇴폐와 타락의 그림자를 본다. 그 그림자는 성적 쾌락, 즉 섹스와 연결되어 도덕적 비난에까지 이른다.

1930년대 초에 유행한 재즈 댄스 중에 '찰스톤(Charlston)'이라는 형식의 춤은 모던보이와 모던걸에게 상당한 인기를 끌었다. 모던보이와 모던걸에게 찰스톤을 잘 추는 사람이 곧 첨단 유행을 이끌고 가는 기준이었다. 찰스톤을 잘 추는 것은 춤 그 이상의 의미로 작용한 것이다. 춤이 곧 미의 기준으로 등극했기 때문이다. "어느 남자가 어느 여자를 가리켜 말하되, '그 여자가 찰스톤을 곳 잘 추던걸?' 어느 여자가 어느 남자를 가리켜 '그 이는 찰스톤을 아주 멋있게 추더군요…' 얼굴의 선택이나 육체미의 선택보다도 모던걸, 모던보이들은 이 '촬스톤' 선수를 찾는다. '니그로'도 좋다. 아무래도 좋다."(안석주, 「1931년이 오면」, 『조선일보』, 1930.11.20). 몇몇 지식인의 비판에도 불구하고 이들의 춤, 그것은 억압된 신체를 해방하는 것이었다. 그러나 식민지 한국이라는 시대 상황은 결코 이들의 행동을 있는 그대로 보지 않았다.

값비싼 축음기가 '문화'의 필수품으로 등극되어 가정에 침투하자, 춤 역시 가정으로 미끄러져 들어갔다. 안석주 같은 비판적 지식인은 이런 현상을 두고 화류병이 가정에까지 침투하였다며 개탄하였다. 안석주가 댄스를 화류병이라고 말한 이유는 남녀가 서로의 몸을 껴안고 춤을 춘다는 이유, 즉 남녀의 신체 접촉은 성적 쾌락과 다름 아니라는 판단에서였다. 성적 쾌락과 욕망은 어느 시대에나 곱지 못한 시선을 받았던 것이다.

그렇지만 많은 지식인들의 비판에도 불구하고 '춤바람'의 열풍은 쉽게 가시지 않았다. 1930년대 한국은 재즈와 춤 그리고 사교댄스가 범람하던 시대였다. 식민지 한국에서 살아가던 모던보이와 모던걸이 비민중적인 색채를 띠고 있었고, 그것이 식민지 정책의 일환으로서 개인의 욕망을 '배설'하는 장치로 기능했지만, 다른 면에서 그들에게 재즈와 춤은 쾌락 이전에 답답한 현실을 벗어나려는 도구이자 삶을 위안하는 촉매였다. 그것이 비록 감정을 탕진하고 자본을 소비하게 만들지라도.

그렇다고 재즈 댄스가 개인을 타락의 길로 인도하는 것만
은 아니다. 춤을 어떤 용법으로 사용하느냐에 따라 그것은 정
치적 담론이 되기도 한다. 사교 댄스의 일종인 스윙 댄스, 재
즈 음악에 맞춰 몸을 흔드는 이 춤이 발산하는 강력한 에너지
는 한때 파시스트들의 공격 대상이기도 했다. 제2차 세계대전,
전시 상황에도 불구하고 독일의 젊은이들이 사람들의 눈에 띄
지 않는 빈 창고에 모여 스윙 댄스 파티를 벌이기도 했다. 이
춤은 억압적 파시즘에 대결하는 병기의 역할을 하기도 한다.
국내에서는 비디오로만 접할 수 있는 토마스 카터 감독의 「스
윙 키즈(Swing Kids)」는 스윙 댄스가 갖는 힘을 잘 보여준다.
나찌 독일의 청년들은 모두 히틀러 청년단원에 가입해야 하지
만 스윙 키즈는 이를 거부한다. 나찌즘의 폭력과 억압의 구조,
그 경직된 흐름을 스윙 재즈는 유쾌한 흐름으로 바꿔 나간다.
스윙 키즈에게 스윙 댄스는 폭압적 전쟁의 배치를 경쾌한 일
상으로 변하게 만드는 훌륭한 매체인 것이다.

라디오, 새로운 네트워크를 형성하다

라디오가 한국 사회를 풍미한 것은 1920년대이다. 1920년
7월 23일 『조선일보』에서 라디오 방송을 '무선방송전화'로
소개한 이후, 라디오는 '무선전화'로 사람들에게 접근해 갔다.
전화가 전봇대의 전선을 타고 각 가정에 침입했다면, 라디오
방송은 보이지 않는 전파로 한국인들의 안방을 아주 서서히

점령하기 시작했다. 몇 번의 시험 방송을 마치고, 1927년 경성방송국(JODK)이 설립되어 본격적인 라디오 방송이 시작되었다.

유성기 음반을 통해서나 듣던 노래를 라디오에서 듣게 되고, 목사님의 설교도 듣고, 신문에서 보던 일기예보와 뉴스도 라디오 방송으로 청취하게 되었다. 프랑코 모레티의 말처럼 라디오의 등장으로 "육체로부터 분리된 목소리를 통해 일상생활의 문이 다성성을 향해" 열렸지만, 그 일상생활이란 상업적 소비주의와 맞물려 있었다(『근대의 서사시』, p.105).

라디오 방송을 처음 접한 사람들은 마치 '요술' 같다며 그 신비한 충격을 감추지 못했다. 또한 라디오를 "현대 과학 문명의 극치"니 "귀신의 장난"이니 "근대 문명의 새로운 신"이라며 치켜세웠다. 그도 그럴 것이, 라디오는 시공간을 살해하는 매체였다. 전 세계의 움직임이 라디오라는 새로운 미디어를 통해 전지구적 네트워크를 형성했다. "세계의 움직임! 지구가 돌아가는 소리(⋯⋯) 상인의 사기! 부르주아의 배불리는 소리! 노동자의 노호(怒呼)하는, 아우성치는 소리"가 각 가정의 응접실과 길거리에 울려 퍼졌다(승일, 「라디오·스포츠·키네마」, 『별건곤』, 1926.1). 근대 도시 문화의 특징이 '소리', 즉 청각적 매체들이 넘쳐나는 것이라면, 라디오는 아주 적절한 도구였다. 막스 피카르트는 이런 라디오의 특성을 "침묵을 향해 계속적으로 사격하는 자동 권총"에 비유한다(『침묵의 세계』, p.198). 자동 권총의 속도와 파괴력을 지닌 라디오가 일상을 잠식해 가고 있었던 것이다.

당시 라디오 청취료는 비싼 편이었다. 경성방송국 라디오 개국 당시 청취료는 2원이었는데, 일본과 달리 뜻밖의 청취자 부족으로 1원으로 낮춰졌다. 라디오 수신기 또한 기종에 따라 10원에서 1000원까지 다양하게 포진하고 있었지만, 일반인에게는 너무 비쌌다. 사람들은 라디오를 부르주아의 소유물로 인식했다. 1920년대에서 1930년대 한국인 노동자의 월급이 1원에서 22원 사이를 맴돌았고, 쌀 한 가마니의 가격이 약 4원 정도 했으니, 라디오의 가격이 얼마나 비쌌는지를 알 수 있다. 그래서 대다수 사람들은 길거리의 전파사에 비치한 라디오나 상점, 요리점과 다방과 같은 장소에서 라디오를 청취했다. 더욱이 라디오 방송이 한국어가 아닌 일본어로 이루어졌기 때문에 청취율이 높지는 않았다. 그렇지만 1933년부터 한국어 방송도 제2방송의 전파를 타고 확산되었다. 경성방송국이 제1방송을 일본어로, 제2방송을 한국어로 내보낸 것이다.

라디오 방송 개국 무렵에는 라디오 방송을 단순히 오락을 중계하는 기관으로 인식했다. 그러나 1931년 만주사변을 계기로 라디오 방송은 보도 기관으로서 기능을 발휘하게 되었고, 사람들도 시시각각 생생하게 전장의 소식을 전할 수 있는 라디오에 빠져들기 시작했다. 라디오 프로그램은 크게 음악, 연예, 교양, 보도 뉴스로 구성되었다(이석훈, 「경성방송국은 어떠한 곳·무엇을 하는 곳인가?」, 『조광』, 1935.12). 음악 프로그램은 한국 음악 중에서는 유행가와 판소리 그리고 잡가가 대다수를 차지했고, 서양음악은 전 장르에 걸쳐 방송했다. 교양 프로그램은 강연과 강좌를 담당했는데, 청소년을 위한 '라디오 학교 시간'을 편성하여 학술, 문예, 위생에 관한 정보를 알려 줬다. 연예 프로그램은 '라디오 드라마', '라디오 소설', '영화 이야기', '만담' 등이 주를 이루었다. 교양 프로그램에는 '어린 이 시간'을 배정하여 '아동극', '아동 음악 동화' 등을 내보냈 다. 또한 '스포츠 중계'도 방송하였다. 일본어로 방송하는 제1 방송은 제2방송에는 없는 코너가 있었다. 이름하여 '상장계(相 場係)'인데, 이 코너는 지금의 주식시세를 알리는 프로그램이 다. 이처럼 근대 계몽기부터 면면히 이어져 온 낭독의 문화, 즉 '소리의 공동체'는 라디오라는 최첨단의 미디어를 기반으 로 재조직되었다. 전기 테크놀로지가 다시 한번 소리의 공동 체를 형성하는 수단으로 등극한 것이다.

1930년대 후반 이후 라디오 전파는 거리의 곳곳을 점령해 갔다. 밥술이나 먹는 집은 물론하고 공장 노동자의 집을 점령 하는가 하면, 문학 청소년의 집에도 라디오가 설치되어 "한 번 라디오를 논 사람은 여기에 말하자면 인이 박혀 하루도 못 들으면 궁금할" 만큼 되었다(안테나생, 「라디오는 누가 제일 잘 하나」, 『조광』, 1936.1). 사람들은 라디오의 전파에 '희로애락' 을 맡기고 있었다.

라디오의 등장으로 유성기 레코드 사업은 타격을 받기 시 작한다. 라디오의 등장은 요즘으로 말하면 MP3의 등장과 비 슷한 현상을 초래한 것이다. 라디오의 등장이 최첨단 문명의 극치라고 추거 세우는 사람들도 있었지만, 그 반대편에서 라디오를 비판하는 사람들도 있었다. 물론 비싼 라디오 수신기의 가격 때문에 '부르주아'의 전유물이라는 비판이 자주 등장하였지만, 그것보다 더 심각한 건 '소음'이었다. "상점 앞에서 떠들어대는 '라디오' 확성기의 아우성, 도회의 시끄러운 소음으로 도회인의 가뜩이나 날카로운 신경을 마비시키고" 있었던 것이다.(「라디오는 누가 제일 잘하나」) 새로운 전기 테크놀로지 상품이 한국에 상륙할 때마다 사람들은 한 편으로는 과학과 문명의 이름으로 이를 칭송하였지만, 다른 한편으로는 그 장치로부터 나오는 '소리'가 일종의 '소음'으로 변해 감을 불평하였다. 사람들은 도시 문화가 주는 화려함이 강력한 색채와 음향임을 알고 있었지만, 그것이 어느덧 익숙한 일상의 배경으로 전락하면서 좀 더 새로운 자극을 찾기 마련이었다.

라디오의 등장으로 새로운 직업이 생겨났다. 바로 '아나운서'다. 경성방송국이 개국한 해인 1927년 3월호 『별건곤』에는 방송국 아나운서 모집 광고가 실렸다. 자격은 여자고등보통학교 졸업 정도의 학력을 소지해야 했고, 나이는 16이상 40세 미만이었다. 월급은 견습이 초봉 30원이고, 정식 아나운서가 되면 50원에서 60원을 준다고 한다. 그리고 직업의 특성을 알리고 있는데, 육체적으로나 정신적으로 매우 피곤한 직업이지만 아나운서의 말 한마디가 전 세계 수천만 사람들의 귀에 전달되니 매우 보람있는 일이라고 선전한다.

라디오라는 최신 미디어가 높은 가격 때문에 일상에 널리 보급되지 않을 것이라는 불안감도 있었지만, 사람들은 길거리에서 혹은 상점에서 흘러나오는 라디오 소리에 집착하기 시작했다. 방송을 시작한 지 얼마 되지도 않아 한 청취자는 라디오 방송에 대한 불만을 토로했다(연창현, 「방송국에 대한 불평」, 『별건곤』, 1927.12). 그만큼 라디오에 대한 관심이 비상했고, 비록 라디오를 소유하지는 못했지만 일상에서 라디오 방송을 쉽게 접할 수 있었음을 반증한다. 서울에 거주하는 이 청취자는 경성방송국이 개국함에 따라 길거리에 설치된 확성기로 라디오 방송을 듣는데, 이는 과학의 위력을 경탄하게 만든다고 운을 띄운 후 비판하기 시작한다. 첫째는 자신이 듣고 싶은 강연은 매번 아침에 방송한다는 것, 둘째는 한국의 민요만 틀어 지겹다는 것, 셋째는 아동 시간대에 동화를 구연하는데 구연자가 주책없는 소리를 함부로 한다는 것, 넷째는 강연자들이 신중하지 못한 언사를 쓴다는 것, 마지막으로 방송국과 청취자들 간에 교류가 있어야 한다는 요지이다. 이 청취자는 지금의 텔레비전 시청자 소감처럼 아주 구체적으로 라디오 방송에 대한 의견을 적극적으로 제시했다.

사람들에게 라디오는 이전과는 전혀 다른 감각을 추동한다. 라디오는 말하는 사람과 듣는 사람 사이의 관계를 1대 1로 묶어준다. 아나운서가 자신에게 친밀하게 말을 걸어오는 듯한 착각을 불러일으킨다. 알지도 못하는 그 누군가가 내게 다정다감하게 말을 걸어온 것이다. 그러니 '라디오 드라마'를 청취하는 사람들은 프로그램 아나운서의 목소리를 통해 드라마의 주인공인 듯한 착각에 빠져들었을 것이다.

일례로 한 여자 아나운서가 톨스토이의 『부활』을 방송하면서, 카츄샤와 네흘류도프 공작이 시베리아 벌판에서 이별하는 장면에서 그만 울어버리고 말았다. 그 여자 아나운서는 서러움에 복받친 듯 계속 흐느꼈다. 방송사고이기는 하지만 청취자들은 여자 아나운서의 울음에서 카츄샤의 눈물을 상상했을 것이고, 바로 자신이 당한 일처럼 슬픔에 빠졌을 것이다(이석훈, 「방송실의 비밀」, 『별건곤』, 1934.5).

톨스토이의 『부활』은 1924년 연극단체 <토월회>에서 「카츄샤」란 제목으로 공연한 적이 있고, 많은 사람들에게 좋은 평가를 받았다. 1910년대부터 외국 작품을 번안한 번안극이 무대에 올려지기 시작하면서, 사람들은 '신파연극'이 주는 눈물의 카타르시스에 몸을 떨었다. 연극과 대결한 또 다른 미디어가 바로 '무성영화'이다. 무성영화는 영상을 무기로 사람들의 시선을 사로잡았지만, '변사'의 목소리를 통해 관객의 감정을 더욱더 몰입하게 만들었다. 관객들은 무성영화를 '본다'기보다 오히려 변사의 낭독 소리로 재구성된 무성영화를 '듣는다'고 할 수 있다. 희미한 불빛 아래서 대본을 읽어 가는 변사의 표정 하나, 몸짓 하나, 발성 하나에 관객들은 울고 웃고 했던 것이다.

1935년에 제작된 「춘향전」은 한국 최초의 유성영화이다. 그러니 그 전의 모든 영화는 무성영화였고, 변사의 대본 낭독 소리가 공연장을 가득 메운 관객들의 감정을 사로잡았음은 당연하다. 마찬가지로 라디오 아나운서는 '보이지 않는 변사'인 셈이다. 라디오 청취자들은 '보이지 않는 연극'과 '보이지 않는 무성영화'를 전파를 타고 밀려오는 라디오 드라마 아나운서의 목소리를 통해 관람한다. 이처럼 라디오 드라마 방송에서 울려 퍼지는 소리는 개인의 의식 속에서 하나의 영상으로 재구성된다. 청각적 신호가 시각적 신호로 변환된 것이다.

라디오는 정보와 유희를 제공한다. 라디오에서 최신 유행가를 듣기도 하고 라디오 드라마를 청취하기도 한다. 또한 라디오를 상품 판매에 이용하는 움직임도 나타났다. 1927년 3월호 『별건곤』에 '경성탐보군'이 쓴 기사는 라디오가 어떻게 상업적으로 이용되는지를 잘 보여 준다. "박덕유 양화점에서 일백십여원 짜리, 조선축음기상회에서 백여원 짜리 확성기를 가게 앞에 놓고 손님에게 들려주기 시작하니까 남대문 통의 백상회에서도 사백여원 짜리 라디오를 놓았다.(……) 이발소, 목욕탕, 식당 같은 데에서 사오십원 짜리로도 훌륭하니 라디오를 손님에게 들려준다면 정해 놓고 손이 많이 꼬일 것이요, 더욱 술 파는 집에서 그렇게 하면 술이 더 팔릴 것이다." 결국 라디오는 상품을 팔기 위한, 손님을 모으기 위한 '삐끼'의 역할을 담당했다. 핫 팬츠와 탱크톱으로 무장한 나레이터 모델들이 섹시한 춤을 무기로 길거리에서 호객행위를 하기 시작했을 때 사람들은 놀라움보다 더한 당혹감을 감출 수 없었다. 1920년대 라디오의 출현은 그와 못지 않은 충격이었다.

라디오 방송이 본격적으로 시작되면서, 수많은 기생과 연예인들이 방송에 참여한다. 라디오 방송에 출현하여 자신의 레코드를 선전하였고, 라디오 방송에 얼굴을 내밀지 못하는 가수들은 명함도 못 내밀었다. 또한 여자 아나운서의 야릇하고 낭랑한 목소리와 기생과 연예인들의 애교석인 웃음이 거리마다 요동쳤다. 뿐만 아니라 라디오에서 나오는 구령 소리에 맞춰 '국민체조'를 하기도 했다. 보이지 않는 누군가의 목소리가 시공간을 가로질러 무수한 사람들의 신체를 통제하기에 이르렀다. 라디오는 신문이 가져왔던 소통의 방식을 한층 업그레이드했다. 송신기와 수신기 안테나의 전파를 타고 전 국민을 하나의 시공간에서 움직이게 만들었던 것이 바로 라디오다.

흥미로운 것은 일기예보 방송이다. 19세기 후반 인천과 부산 등지에 근대적 기상관측소가 설립되었다. 러일전쟁이 끝난 1905년 이후에는 신문에 '천기예보'란 코너를 마련하여 사람들이 그날그날의 날씨를 알 수 있게 했다. 대기의 움직임과 동물들의 행동으로 일기를 예측했던 전통은 사라지고, 근대 과학이 동원된 기상관측소의 기록이 전파의 힘을 빌려 각 신문사로 유포되었다. 사람들은 신문이라는 근대적 미디어에 게재된 활자 속에서 매일 매일의 날씨를 알아갔다. '활자 미디어'가 전담했던 일기예보는 이제 신문보다 좀더 발달된 '소리의 미디어'인 라디오가 전담하게 되었다. 그것도 보여주는 방식이 아닌 들려주는 방식으로 말이다.

일기예보가 중요했던 것은 한국이 아직도 농업 위주의 산업구조를 지니고 있었기 때문이었다. 하지만 그 외에 하나의 신풍경이 연출되었다. 사람들이 일기예보에 귀를 쫑긋 세우는 것은 휴가와 소풍 등 나들이 계획을 세우기 위함이었다. 이태준의 소설 「봄」(1932)에는 1930년대 서울의 봄 풍경과 일기예보의 관계를 잘 보여준다. 주인공 '박(朴)'은 인쇄소에서 일한다. 서울에서 노동자 생활을 하는 그는 근대 도시가 만들어 놓은 온갖 '소리'에 신경질적으로 반응한다. 그도 그럴 것이, 식민지 한국의 노동자들에게 서울의 봄은 그리 화사하거나 아름다운 곳이 아니었기 때문이었다. 야사쿠라팅(밤 벚꽃 놀이)도 그들에겐 시답지 않은 소리이고, 피로에 지친 일상의 연속일 뿐이다. 주인공 박은 "밤중까지 내일 천후를 예보하느라고 거리를 시끄럽게" 만들고 있는 라디오 소리에 부화가 난다. 그의 일상이란 "몇 해를 가야 햇볕 한 번 못 보는 시멘트 바닥에서 종 치면 일하고 종 치면 집에 오고, 집에 와선 저렇게 곯아떨어져" 잠을 청하거나, "왼 종일 오장육부가 뒤흔들리는 엔진 소리에 귀가 먹먹해 사는 것밖에" 없기 때문이다. 그런 그에게 "가까이 있는 행길 시계포에서 심술궂은 아이처럼 찢어지는 소리로 창경원이니, 벚꽃이라니, 저기압이니, 하고 떠드는 라디오 소리"가 짜증날 수밖에 없다. 라디오 방송도 쉼 없이 돌아가는 기계 소리도 여유 있는 사람들에게나 문명의 소리이자 발전의 소리로 표상되는 것이다. 박과 같은 수많은 한국의 노동자들에게 라디오 소리와 기계 소리는 소외된 자의 설움이자 자신의 몸을 서서히 갉아먹는 소리에 불과했다.

인터넷이 처음 보급되었을 때의 그 경이로움은 '속도'와 관련된다. 무수히 많은 정보들을 순식간에 자신의 책상 앞에서 갈무리 할 수 있는 인터넷의 발명은 혁명이었다. 1920년대에는 라디오가 그 기능을 했다. 그렇지만 네티즌들이 인터넷으로 자신들이 정보를 교환하는, 매우 적극적인 의미에의 쌍방향적 커뮤니케이션을 만들어 냈다면, 라디오는 오직 한 방향만을 구축한다. 또한·독점적 방송은 전시체제를 공고히 하기 위한 파시즘의 선전 도구로 적극적으로 사용되었고, 식민지 근대의 일상을, 사람들의 감정을 통제하고 훈육하는 기계로도 사용되었다.

전화, 사랑을 속삭이다

1887년 이른 봄. 서울 사람들이 궁중의 담벼락 근처에 몰려들었다. 경복궁에 켜진 '물불', 이른바 전등을 보기 위해서였다. 사람들은 전기가 펼치는 마술에 마음을 빼앗겼다. 1898년 1월, 궁중에서 또 한번의 일대 탄성이 일었다. 경운궁에 전화가 가설된 것이다. 사람들이 서로 마주보지 않아도, 가느다란 전선이 말을 실어 날랐다. 궁중에 전화가 가설되고 많은 에피소드들이 생겨났다. 전화가 가설되었지만, 유교적 의례에 익숙한 사람들이 임금인 고종에게 전화로 말하기는 꽤 민망한 일이었다. 일부 전화에 익숙해진 대신들은 명성황후에게 전화로 문안드리기 시작했다.

신하들이 본격적으로 고종에게 전화를 걸기 시작한 것은

만민공동회(1898) 기간이다. 당시 종로에 수만 명의 시위대가 모여들었다. 이들의 주된 요구는 관민공동회 때 구속된 17명의 독립협회 회원들의 석방과 함께 '헌의 6조'를 지킬 것, 부패한 관료들의 퇴진 및 처형이었다. 이때 정부 측 관료들이 시국의 위급함을 알리기 위해 고종과 직접 전화로 통화하였다. 그리고 만민공동회 대표들과의 회담을 진행하고 그 결과를 황제에게 신속하게 통보하기 위한 수단으로 전화는 적극적으로 활용되었다. 이 사건은 고종황제와 신하 사이에 전화를 주고받았다는 사실보다 구중궁궐에 존재하는 황제의 '옥음(玉音)'이 전파를 타고 일반 백성들에게 전달되었다는 사실이 더욱 중요했다. 황제가 직접 내린 칙어(勅語)도 대리인이 낭독했던 관례에 비해 본다면 전화는 황제의 목소리를 '탈신성화'한 최초의 매체였다.

전등과 전화, 즉 '전기 테크놀로지'가 주는 충격은 대단했다. 일본에 조사시찰단으로 다녀온 유길준은 "전깃불이 어떻게 켜지는지는 몰랐다. 우리는 인간의 힘으로서가 아니라 악마의 힘으로 불이 켜진다고 생각했다"며 전기에 대한 충격을 감추지 않았다(『한미수교사』, p.89 재인용).

전하와 전신이 주는 시공간의 '단축'은 획기적인 소통방식을 창조했다. 그 뿐만 아니라 제국주의 국가들에게 전화와 전신은 근대적 전쟁을 수행하기 위한 매우 효과적인 무기로 사용되었다. 1894년의 청일전쟁과 1904년의 러일전쟁에서 쟁점이 되었던 사안 중에 하나가 바로 일본이 한국에 설치한 '전선'을 보호하기 위해 일본군을 한국에 주둔한다는 내용이었다. 그만큼 전화와 전신이 근대 제국주의 열강들에게는 전술적으로 매우 중요한 수단이었다. 통신을 점령하는 자가 곧 전쟁에서 승리하기 때문이다.

전화는 다른 문물에 비해 일찍 수입되었다. 그것은 정부에서 긴급한 국가적 사무를 처리하기 위한 수단으로 전화가 요청되었기 때문이다. 하지만 가격과 기간 설비의 부족으로 전화가 일상화되는 데는 오랜 시간이 필요했다. 보통 관공서나 상점에서 전화가 사용되었고, 일반 가정에 들어오기까지는 많은 시간이 걸렸다. 1910년 한국에서 유통된 전화기는 6,774대였다. 이것도 대부분은 관공서에서 사용되었던 전화기다. 1920년에는 15,641대로 두 배 이상 증가하더니, 1930년도에는 40,128대로 증가하였다. 그러나 70% 이상이 일본인 소유였다. 또한 전화를 많이 사용하는 곳은 신문사, 요리집, 관청, 극장 등이었다. 그리고 1930년대에는 '공중전화'가 도심의 거리에 가설되어 사람들에게 편의를 제공했다. 전화를 가설한 사람들은 '전화 채권'을 구입했다. 이 전화 채권은 1988년까지 유지되다가 폐지되었다.

전화가 일상에 유입되면서 웃지 못할 갖가지 에피소드들이 쏟아져 나왔다. 요즘도 영화관에 가면 핸드폰을 진동으로 하지 않아 요란한 벨이 울리는 경우가 종종 있다. 뿐만 아니라 주저리주저리 통화하는 사람도 더러 발견할 수 있다. 1920년대에는 핸드폰은 없었지만, 극장에 설치된 구내전화 때문에 많은 에피소드가 일어났다. 극장에 설치된 전화는 극장 사람들이 사용하기도 하지만, 관람객에게 걸려 오는 경우도 있었던 듯 하다. 극장으로 손님을 찾는 전화가 걸려 오면 극장 안내원이 영화 상영 도중에 전화 온 손님의 이름을 크게 불러 일대 소동이 벌어졌다. 그래서 조선극장은 이런 사고를 방지하기 위해 스크린 옆에 조그만 구멍을 뚫어 유리로 막은 뒤, 그 유리에 뒤에서 전화 온 사람의 이름을 써 놓고 전등으로 신호를 보냈다고 한다(「극장만담」, 『별건곤』, 1927.3).

이런 에피소드 외에도 '전화 교환수'라는 특정한 직업 때문에 벌어지는 사건도 있다. 전화가 도입되던 초기에는 남자들이 전화 교환수로 근무했다. 1920년대 이후 전화의 급속한 보급과 함께 여자 전화 교환수들이 생겨났고, 여성들의 신종 직업으로 각광을 받았다. 여자 교환수들은 남성들의 짓궂은 장난과 욕설에 시달렸다. 혹시 전화 연결이 늦기라도 하면 "이년아! 빠가! 조느냐! 자느냐"라며 손님들로부터 욕설을 들어야 했고, 이유 없이 전화를 걸어 이야기나 하자는 둥 '수작'을 거는 남자들로부터 민망한 소리까지 들었다(「전화 교환수와 가설자 간」, 『별건곤』, 1929.1).

그렇다고 전화로 인한 이런 일상적 에피소드가 전화의 특성을 전부 말해주지는 않는다. 전화의 특징은 무엇보다도 근대적 인간의 관계망을 새롭게 조직하는 데 있다. 전화는 새로운 정보를 교환하거나 유통하는 창구이다. 현재의 인터넷과 같이 전파의 속도를 적극적으로 이용하여 사회구성원들의 관계를 좀더 미세하게 재조직하였다. 기차가 시공간을 축소하여 세계를 재구축 했다면, 전화 통신은 좀더 세밀하게 일상을 재조직하였다. 전화로 인해 안과 밖의 경계가 모호해지고, 타자와의 공간적 '거리'가 전파를 타고 축소되었다. 더욱이 전화는 전신과 다르게 '소리'를 직접 실어 나르는 특징이 있다. 전신이 송신자의 정보를 교환수가 특정한 코드로 변환해서 수신자에게 공급한다면, 전화는 송신자의 생생한 소리를 직접 수신자에게 전달한다. 유성기가 복제된 소리, 즉 녹화방송이라면, 전화는 생방송인 셈이다. 그만큼 송신자와 수신자의 거리를 축소하며 서로의 관계를 긴밀하게 구축하였다.

염상섭의 「전화」(『조선문단』, 1925.2)는 전화가 보편적으로 보급되기 시작한 1920년대 한국 상황을 아주 예리하게 분석하고 있다. 이에 더해 염상섭은 근대 사회에서 전화가 지닌 특성이 무엇인가를 날카롭게 포착한다. 그것은 근대적 네트워크의 형성과 교환가치의 체계 그리고 자본주의의 속물성이다(보다 구체적인 논의는 이경훈의 「네트워크와 프리미엄」, 『어떤 백년, 즐거운 신생』을 참고할 것).

「전화」의 주요 인물은 '이주사', '안방 마님', '채홍'이다. 채홍은 기생으로 이주사와 함께 살지는 않지만, 그 행세는 이주사의 '별실'로 충분하다. 어느 날 이주사는 큰 마음 먹고 양복을 전당포에 잡히고, 가설료 삼백원을 주고 전화를 설치한다. 전화가 가설되자 채홍이는 식전부터 전화를 건다. 안방 마님은 "어떤 망할 년인지 잠두 없던가 봐! 식전 개동에 남의 집에다가 전화를 걸구 문안인지 밤사이 그립던 만단정화를 못해서 지랄을 치니!"라며 앙칼지게 말한다. 이는 채홍과 이주사의 관계를 시기하고 있는 말이다. 안방 마님에게 전화는 그리 탐탁한 물건이 아니다. 안방 마님은 "참 원수의 전화를 달더니 밥상 받고 있는 이까지 불러 내가구, 별 일이 다 많군!"하며 전화가 자신의 남편을 꼬드기는 요망스러운 물건이라고 단정한다. 그러기에 안방 마님은 "자식두 없는 년이 밤낮 할 것 없이, 혼자 웅크리구 들어앉아서 갈보년의 전화 시중이나" 들고 있다고 말할 수 있는 것이다. 그러나 안방 마님도 눈이 빠져라 남편을 기다리고 있을 때, 남편으로부터 처음으로 전화가 걸려 오자 남편의 "목소리가 반갑기도 하여 혼자 전화통에 대고 부끄러운 듯이 웃음"을 짓기도 하였다.

여기서 중요한 것은 전화가 지닌 위력이다. 남편이 채홍이와 바람을 피고 있지만, 그건 어디까지나 안방 마님의 눈 밖에서 벌어지는 일이다. 그런데 전화로 인해 안방과 기생집과의 거리가 붕괴되면서 마치 눈앞에서 벌어지는 일로 전도된다. 즉, 안방-기생집의 시공간적 거리가 무화되어 균질적인 시공간으로 편입한 것이다.

안방 마님에게 전화는 '매음'을 부추기는 도구일 따름이었다. 그렇기에 "원수의 전화"라고 말할 수 있었다. 하지만 훗날 시아버지의 환갑잔치와 김장 때문에 돈이 궁해지자 안방 마님에게 전화는 전과는 다른 의미를 띤다. 돈 때문에 전화를 팔게 되자, 안방 마님에게 전화는 더 이상 "빌어먹을 전화"가 아니었다. 이주사는 '전화-전당-기생-김장'을 생각하며 빠른 셈을 한다. '전화-전당-기생-김장'은 모두 화폐와 관계되고, '전화-전당-기생-김장'은 일종의 화폐 교환을 뜻한다. 당시 전화는 공급보다 수요가 많았기 때문에 추첨을 통해서 번호를 받을 수 있었다. 지금의 아파트 분양과 마찬가지로 전화번호는 프리미엄을 지닌 상품이었다. 이주사는 직장 동료에게 자신의 번호가 좋다며 은근히 사기를 요구한다. 이주사는 결국 2백 원의 프리미엄을 받고 직장 동료인 김주사에게 전화를 양도한다. 이때 안방 마님의 반응이 자못 흥미롭다. 안방 마님은 갑자기 생긴 공돈 2백 원에 "살 재미"를 느끼고 "여보, 우리 어떻게 또 전화 하나 맬 수 없소?"라고 남편에게 묻는다.

이주사와 채홍이의 관계는 철저하게 근대적 시간인 시계적 시간 속에서 움직이고 있다. 두 사람의 만남은 시계적 시간이 지시하는 몇시 몇분에 이루어진다. 채홍이는 이주사를 기다리면서 시계를 몇 번이나 쳐다보며 "십 분만 더 기다리다가" 나가려고 하고, 이주사는 채홍이를 "오늘 열한 시"에 만나기로 약속하는 등, 그들은 근대적 시간에 익숙한 인물들이다. 더욱이 이 둘의 관계는 '돈'으로 끈끈하게 맺어져 있었다. 이에 비해 안방 마님의 시간은 생활의 리듬에 맞춰져 있다. 그녀에게 시간은 "식전" 혹은 "환갑", "입동 전후 삼일" 등 자연의 리듬과 함께 한다. 이주사와 채홍이가 근대적 시간을 내적인 존재 형식으로 받아들이고 있는 반면 안방 마님은 그렇지 못하다. 그럼에도 안방 마님은 전화가 주는 근대적 교환가치, 즉 프리미엄의 가치에 함몰되어 이주사와 채홍이의 세계에 무의식적으로 편입한다. 안방 마님이 채홍과 바람을 피우는 남편에게 질투의 마음을 누그러뜨리는 결정적인 이유 역시 '프리미엄'이 주는 환상, 즉 돈의 여유 때문이었다. 이처럼 전화는 사적 공간의 영토를 확장하는가 하면, 자본주의적 교환가치를 매개하는 매체로서 그 위력을 과시한다.

그러나 전화가 주는 매력에는 또 다른 측면이 있다. 라디오가 발명되기 이전, 전화는 인간의 귀와 말소리를 확장시킨 최초의 기계였다. 또한 '따르릉' 울리는 소리, 즉 전기 테크놀로지의 힘에 기대서 다른 사람의 음성을 중계하는 전화는 때론 사적 영역을 확장시켜 연애편지의 역할을 하기도 한다.

1929년 1월 한국 최초의 '폰팅'이 세상에 알려졌다(龍塘浦人, 「전화로 3년 간 연애」, 『별건곤』). 필자가 몇 해 전의 일이라고 했으니, 1925년 무렵의 일이다. 지금이야 각종 스포츠 신문에 국적 불명의 여인을 모델로 한 폰팅 광고가 난무하고, 누구인지도 모르는 사람들이 휴대폰 메시지로 폰팅 유혹을 보내오지만, 80여 년 전의 일이니 그 충격이 만만치 않다. 그렇다고 그들의 '폰팅'이 요즘과 같이 '매춘'과 관련된 것은 아니었다.

등장인물 K라는 남자와 C라는 여자는 지방 우체국 사무원이다. 우체국이라는 특수한 공간에 있다보니 이들에게 전화는 다른 사람들보다 친숙한 도구였다. 근무지는 다르지만, 이 둘은 우체국 업무에 관련된 일로 우연히 통화하게 된다. 그렇지만 그 우연치 않은 통화는 이름도 얼굴도 모르는 두 사람의 관계를 직업적 동료가 아닌 연인으로 발전하게 만드는 중매쟁이 역할을 한다. 두 사람은 전화를 할 때마다 "유달리 목소리가 더 곱고 다정하게" 들림을 느끼며, 하루에 한 번씩 꼭 전화 통화를 한다. 서로의 다정다감한 목소리에 이끌려 그들은 어언 3년 동안 전화기에 의지하여 사랑의 밀어를 속삭이고, 연정을 키워 나갔다. 3년을 전화기에 목을 매었지만 그들은 단한 번도 직접 대면하지 않았다. 오직 수화기에서 흘러나오는 감미로운 목소리에 취할 따름이었다.

어느 날 K는 마산에서 온천욕을 하고 있던 도중에 "어떤여자가 이야기를 하는데 평소에 전화로 듣던 그 여자의 목소리와 조금도" 다르지 않다는 것을 느꼈다. K는 그 여자가 묵고 있는 여관에 가서 숙박부의 이름을 확인해 보고, 그 여자가 바로 자신과 3년 동안 전화 통화를 한 그 여자라는 사실을 확인했다. 너무나 기뻤지만, 첫사랑인 K는 곧장 그 여자를 만나지 못하고 주저한다. K는 용기를 내어 여관 주인에게 면회를 요청하고 드디어 C를 만났다. 서로 몇 마디 주고받은 남녀는 자신들이 3년 동안 "전화로 정(情)을 통하던 사람"들이었음을 확인한다. 그러자 두 사람의 "가슴속에는 남모르는 불길이" 타올랐다. 이 두 청춘들은 그 날부터 직접 만나서 서로의 감정을 속살거렸고, 곧 약혼까지 한다. 그러나 이들의 약혼이 그둘만의 '몰래한 사랑'이었는지 어떤지는 모를 일이지만, 여자쪽 아버지가 그녀에게 우체국을 그만두라고 한다. K와 C는

"전화 하나를 가지고 오직 따뜻한 정을 통하던 것이 그것조차 아주 끊어지고" 말았다. C의 아버지는 그녀를 다른 사람에게 시집보냈다. K의 첫사랑은 전화와 함께 떠나 버렸다.

K와 C의 애틋한 사랑을 전하는 '용당포인'이라는 필자는 다음과 같이 이들의 안타까운 사랑을 위로한다. 비록 아버지의 반대로 이 둘의 사랑이 끊어졌지만, 전화가 있는 한, "이 세상에 전화가 없어질 때까지 그들의 사랑의 실마리는 전파와 같이 통할" 것이라고.

K와 C의 사랑은 '전파'를 타고 싹텄다. 서로 다른 공간에서 살고 있는, 이름도 얼굴도 모르는 그들은 마술적 전파를 매개체로 동일한 시공간에 머물렀다. 그들의 사랑은 수많은 전봇대와 전선을 타고 흘러가 서로를 감전시켰다. 이 매혹적인 전파의 속도는 그 어떤 근대적인 '매파'보다 능수능란한 사랑의 전령사 역을 톡톡히 해낸 셈이다.

소리의 재편: 광장에서 밀실로, 다시 광장으로?

    2002년 여름, 광화문에 모여든 수만 명의 붉은 악마의 물결은 아무도 예상치 못한 뜻밖의 스펙터클이었다. 대한민국을 외치는 그들의 함성과 환호를 우리는 너무나 똑똑히 기억한다. 거리마다 찬란한 깃발이 출렁거렸다. 도로로 나선 젊은이들의 뜨거운 열정은 아스팔트를 녹일 듯이 후끈 달아올랐다. 월드컵의 한 해가 지나갈 무렵에는 촛불시위로 또 한번 광화문은 대중들의 함성 속에 잠겼다. 다양한 깃발과 노래와 함성이 어우러진 새로운 축제의 장이 펼쳐진 것이다. 골방에 처박혀 있던 개인들이 광장으로 진출함으로써 사라져 갔던 공동체 감각이 다시 부활했다. 대중들에게 광장의 경험은 자신의 정체성을 확인하는 자리였다. 환희와 열광, 열정과 희망으로 들끓었던 시청 광장은 이제 일종의 성소가 된 느낌이다.

대동의 축제가 펼쳐진 광장에서 사람들은 자신의 존재가 무한히 확장해 가는 경이로운 체험을 하였다. 축제의 장에서 형성된 '소리의 공동체'는 나약하고 고립된 존재를 무한히 확장하여 마치 거대한 우주와 결합하는 듯한 환상에 빠지게 만들었다. 이러한 광장의 소리는 한 동안 우리 사회에서 보기 드문 광경이었다. 1898년 만민공동회 기간이 바로 2002년의 모습과 흡사했다. 종로에 수만 명의 군중들을 모여들게 만든 힘은 특정한 이데올로기가 아니었다. 그들에게 중요한 것은 신분과 계급을 뛰어 넘어 자신들 또한 한 국가의 구성원이라는 사실, 자신들의 존재감을 확인하는 것이었다. 그리고 종로에 모인 군중들은 너와 내가 하나 되는 공동체적 축제의 장을 재구성했다. 이들을 빠른 시간 내에 종로에 모여들게 하고, 전 국민이 이 사건에 주목하게 만든 매체는 저잣거리에 떠도는 '소문'과 '신문'이었다.

2002년 광화문의 경이를 연출하기 위해 인터넷이라는 초고속 네트워크가 동원되었다. 익명의 목소리가 문자화되어 케이블과 위성을 타고 전국을 휘돌아 쳤다. 대중들은 전파를 타고 속속들이 광화문에 모여들었다. 광대한 네트워크는 시공간을 초월하여 흩어져 있던 대중들을 하나의 집합체로 구성하는 역할을 했다. 1898년 광장의 경험이나 2002년 광장의 경험에는 모두 당대의 최첨단 미디어가 동원되었다. 미디어는 그만큼 대중들을 빠른 속도로 사회의 장 속에 빠져들게 만드는 위력을 지녔다. 그러나 그 미디어의 속도는 자칫 잘못하면 파시즘의 속도와 결합하여 일상을 통제하는 수단으로 오용될 소지가 없지 않다.

넓은 의미에서 근대의 발명품들은 모두 미디어다. 전화, 유성기, 라디오, 활동사진, 텔레비전, 자동차, 비행기 등등. 이러한 발명품들의 주된 속성은 '속도'와 분리될 수 없다. 20세기 국가들은 속도와 경쟁에 열광했다. 그들은 시간과 공간을 단축하고, 새로운 기록을 경신하는데 골몰했다. 시공간을 축소하는 속도는 자본의 총생산량과 비례하는 것이었고, 사회 발전의 지표였다. 전화와 라디오와 텔레비전은 신속한 보도와 상품 광고에 이용되었고, 자동차와 비행기 그리고 여객선은 재화의 신속한 운송에 사용되었다.

자본의 속도와 경쟁하면서 만들어진 기계들로 인해 사람들의 감각도 이에 적응해 갔다. 시각과 청각은 인간의 다른 감각기관보다 민첩하게 자본주의의 생산품들을 향해 촉수를 뻗었다. 근대 도시가 만들어 낸 분절된 시각, 흩어지듯 펼쳐지는 파노라마적 풍경은 사람들로 하여금 한 곳에 몰입할 수 있는, 대상을 관찰하고 즐기는 여유를 빼앗아 버렸다. 거리에 요동치는 동력기관의 소리들은 사람들의 신경을 예민하게 만들었고, 그 소리에 일상의 리듬은 구속되었다. 근대 사회가 만들어 낸 시각적 이미지와 청각적 이미지는 모두 근대 문명의 신속한 속도와 긴밀하게 관계를 맺으며 인간의 삶을 재조직하였다. 소리에 한정해서 말한다면, 사람들은 '원음'에 가까운 복제된 소리에 집착하게 되었고, 그렇게 만들어진 소리들은 대량 생산되어 사람들에게 유통되었다. 이것은 일종의 전도된 감각이다. 원음 그 자체를 즐기는 것이 아닌, 인공으로 복제된 소리에서 원음의 감각을 느끼려는 욕망.

사회가 광기 어린 속도에 집착할수록 근대인들의 삶은 각자의 고유한 탄성을 잃어버렸다. 그리고 대중들은 근대가 만들어 놓은 최첨단 미디어를 통해 자신들만의 '내밀한 공간'을 만들어 나갔다. 그들은 그곳에서 무한히 펼쳐지는 욕망의 '우주'를 발견하고 싶었던 것이다. 다시 광장의 소리가 요동치고, 근대의 상업자본주의가 만들어 놓은 이벤트가 아닌 진정한 축제의 장이 펼쳐지기는 했지만, 그 현상의 지속성을 보장할 수는 없는 일이다. 시청 앞의 넓은 광장만이 진정한 광장이 아니다. 지금 우리에게 절실한 것은, 자본의 속도와 흐름을 절단할 수 있는 다거점의 광장을 만들어 내는 일이다. 그를 위해 우리는 근대 자본주의가 만들어 낸, 우리를 길들여 왔던 감각의 일람표, 그 전도된 감각과 다부지게 싸워나가야 한다. 익숙한 소리의 그물에 사로잡히지 않는 새로운 소리의 창조만이 소리의 내밀한 사적 소유가 아닌 열린 소리의 광장을 약속할 수 있을 것이다.

참고문헌

1. 자료

『독립신문』,『매일신문』,『황성신문』,『대한매일신보』,『만세보』,『대한민보』,『매일신보』,『조선일보』,『동아일보』,『소년』,『학지광』,『신문계』,『청춘』,『백조』,『폐허』,『개벽』,『조선문단』,『조광』,『별건곤』,『삼천리』,『사해공론』,『김기림전집』,『김동인전집』,『나혜석전집』,『박태원소설집』,『신소설·번안(역) 소설』,『염상섭전집』,『육당 최남선 전집』,『이상문학전집』,『이광수전집』,『이태준전집』,『정지용전집』,『한국전기통신 100년사』,『송도학원 90년사』

2. 논저

강현구,「유성기 음반 속의 영화적 서사」,『한국문예비평연구』, 2003.

김영희,「일제시기 라디오의 출현과 청취자」,『한국언론학보』, 2002.

김원모,『한미수교사─조선보빙사의 미국사행 편(1883)』, 철학과 현실사, 1999.

김진송,『서울에 딴스홀을 許하라』, 현실문화연구, 1999.

마샬 맥루한, 박정규 옮김,『미디어의 이해』, 커뮤니케이션북스, 1997.

막스 피카르트, 최승자 옮김,『침묵의 세계』, 까치, 1996.

발터 벤야민, 반성완 역,『발터 벤야민의 문예이론』, 민음사, 1983.

성기완,『재즈를 찾아서』, 문학과지성사, 1996.

신명직,『모던쏘이 경성을 거닐다』, 현실문화연구, 2003.

알랭 코르뱅,『시간, 욕망, 그리고 공포』, 동문선, 2002.

월터 J. 옹, 이기우·임명진 옮김,『구술문화와 문자문화』, 문예출판사, 1995.

이경훈, 『어떤 백년, 즐거운 신생』, 하늘연못, 1999.

이성욱, 『한국 근대문학과 도시 문화』, 문화과학사, 2004.

이승원·오선민·정여울, 『국민국가의 정치적 상상력』, 소명출판, 2003.

이진경, 『근대적 시·공간의 탄생』, 푸른숲, 2001.

임형택, 「18·19세기 이야기꾼과 소설의 발달」, 『한국학논집』2, 1980.

프랑코 모레티, 조형준 옮김, 『근대의 서사시』, 새물결, 2001.

소리가 만들어낸 근대의 풍경

| 펴낸날 | 초판 1쇄 2005년 1월 30일 |
| | 초판 3쇄 2013년 10월 25일 |

지은이	이승원
펴낸이	심만수
펴낸곳	(주)살림출판사
출판등록	1989년 11월 1일 제9-210호

주소	경기도 파주시 문발동 522-1
전화	031-955-1350 팩스 031-624-1356
기획·편집	031-955-4662
홈페이지	http://www.sallimbooks.com
이메일	book@sallimbooks.com

| ISBN | 978-89-522-0335-9   04080 |

089 커피 이야기　　　eBook

김성윤(조선일보 기자)

커피는 일상을 영위하는 데 꼭 필요한 현대인의 생필품이 되어 버렸다. 중독성 있는 향, 마실수록 감미로운 쓴맛, 각성효과, 마음의 평화까지 제공하는 커피. 이 책에서 저자는 커피의 발견에 얽힌 이야기를 통해 그 기원을 설명한다. 커피의 문화사뿐만 아니라 커피에 대한 일반적인 정보 및 오해에 대해서도 쉽고 재미있게 소개한다.

021 색채의 상징, 색채의 심리

박영수(테마역사문화연구원 원장)

색채의 상징을 과학적으로 설명한 책. 색채의 이면에 숨어 있는 과학적 원리를 깨우쳐 주고 색채가 인간의 심리에 어떤 작용을 하는지를 여러 가지 분야의 사례를 통해 설명한다. 저자는 색에는 나름대로의 독특한 상징이 숨어 있으며, 성격에 따라 선호하는 색채도 다르다고 말한다.

001 미국의 좌파와 우파　　　eBook

이주영(건국대 사학과 명예교수)

진보와 보수 세력의 변천사를 통해 미국의 정치와 사회 그리고 문화가 어떻게 형성되고 변해왔는지를 추적한 책. 건국 초기의 자유방임주의가 경제위기의 상황에서 진보-좌파 세력의 득세로 이어진 과정, 민주당과 공화당의 대립과 갈등, '제2의 미국혁명'으로 일컬어지는 극우파의 성장 배경 등이 자연스럽게 서술된다.

002 미국의 정체성 10가지 코드로 미국을 말하다　　　eBook

김형인(한국외대 연구교수)

개인주의, 자유의 예찬, 평등주의, 법치주의, 다문화주의, 청교도 정신, 개척 정신, 실용주의, 과학·기술에 대한 신뢰, 미래지향성과 직설적 표현 등 10가지 코드를 통해 미국인의 정체성과 신념을 추적한 책. 미국인의 가치관과 정신이 어떠한 과정을 통해서 형성되고 변천되어 왔는지를 보여 준다.

058 중국의 문화코드

강진석(한국외대 연구교수)

중국의 핵심적인 문화코드를 통해 중국인의 과거와 현재, 문명의 형성 배경과 다양한 문화 양상을 조명한 책. 이 책은 중국인의 대표적인 기질이 어떠한 역사적 맥락에서 형성되었는지 주목한다. 또한, 구체적이고 실제적인 여러 사물과 사례를 중심으로 중국인의 사유방식에 대해 설명해 주고 있다.

057 중국의 정체성　　eBook

강준영(한국외대 중국어과 교수)

중국, 중국인을 우리는 과연 어떻게 이해해야 하나? 우리 겨레의 역사와 직·간접적으로 끊임없이 영향을 주고받은 중국, 그러면서도 아직까지 그들의 속내를 자신 있게 말할 수 없는, 한편으로는 신비스럽고, 한편으로는 종잡을 수 없는 중국인에 대한 정체성을 명쾌하게 정리한 책.

015 오리엔탈리즘의 역사　　eBook

정진농(부산대 영문과 교수)

동양인에 대한 서양인의 오만한 사고와 의식에 준엄한 항의를 했던 에드워드 사이드의 오리엔탈리즘. 이 책은 에드워드 사이드의 이론 해설에 머무르지 않고 진정한 오리엔탈리즘의 출발점과 그 과정, 그리고 현재와 미래의 조망까지 아우른다. 또한 오리엔탈리즘이 사이드가 발굴해 낸 새로운 개념이 결코 아님을 역설한다.

186 일본의 정체성　　eBook

김필동(세명대 일어일문학과 교수)

일본인의 의식세계와 오늘의 일본을 만든 정신과 문화 등을 소개한 책. 일본인을 지배하는 이데올로기는 무엇이고 어떤 특징을 가지는지, 일본을 주목해야 하는 이유는 무엇인지 등이 서술된다. 일본인 행동양식의 특징과 토착적인 사상, 일본사회의 문화적 전통의 실체에 대한 분석을 통해 일본의 정체성을 체계적으로 살펴보고 있다.

261 노블레스 오블리주 세상을 비추는 기부의 역사

예종석(한양대 경영학과 교수)

프랑스어로 '높은 사회적 신분에 상응하는 도덕적 의무'를 뜻하는 노블레스 오블리주. 고대 그리스부터 현대까지 이어지고 있는 노블레스 오블리주의 역사 및 미국과 우리나라의 기부 문화를 살펴보고, 새로운 시대정신으로 노블레스 오블리주를 부활시킬 수 있는 가능성을 모색해 본다.

396 치명적인 금융위기, 왜 유독 대한민국인가 eBook

오형규(한국경제신문 논설위원)

이 책은 전 세계적인 금융 리스크의 증가 현상을 살펴보는 동시에 유달리 위기에 취약한 대한민국 경제의 문제를 진단한다. 금융안정망 구축 방안과 같은 실용적인 경제정책에서부터 개개인이 기억해야 할 대비법까지 제시해 주는 이 책을 통해 현대사회의 뉴노멀이 되어 버린 금융위기에서 살아남는 방법을 확인해 보자.

400 불안사회 대한민국, 복지가 해답인가 eBook

신광영 (중앙대 사회학과 교수)

대한민국 사회의 미래를 위해서 복지는 선택이 아니라 필수라고 말하는 책. 이를 위해 경제 위기, 사회해체, 저출산 고령화, 공동체 붕괴 등 불안사회 대한민국이 안고 있는 수많은 리스크를 진단한다. 저자는 사회적 위험에 대응하기 위한 복지 제도야말로 국민 모두의 삶의 질을 높일 수 있는 길이라는 것을 역설한다.

380 기후변화 이야기 eBook

이유진(녹색연합 기후에너지 정책위원)

이 책은 기후변화라는 위기의 시대를 살면서 우리가 알아야 할 기본지식을 소개한다. 저자는 기후변화와 관련된 핵심 쟁점들을 모두 정리하는 동시에 우리가 행동해야 할 실천적인 대안을 제시한다. 이를 통해 독자들은 기후변화 시대를 사는 우리가 무엇을 해야 할 것인지에 대하여 생각해 볼 수 있을 것이다.

사회·문화

eBook 표시가 되어있는 도서는 전자책으로 구매가 가능합니다.

㈜살림출판사
www.sallimbooks.com
주소 경기도 파주시 문발동 522-1 | 전화 031-955-1350 | 팩스 031-955-1355